河街道历史文化 风俗

本册编著　丰国需　胡繁甫

主　编　胡繁甫

浙江大学出版社

ZHEJIANG UNIVERSITY PRESS

亭趾　博陆　五杭

《运河街道历史文化》编纂委员会

主　任　陈　杭
副主任　郎佳宁　王康权
委　员　沈忠英　陆建荣　杨加栋　董大兴
　　　　王哲鸣　张国强　郭丽萍　王晓龙
　　　　张　宇　李　博　梁　渊　沈国兴

《运河街道历史文化》编纂人员

主　编　胡繁甫
副主编　商　赟　胡　娟
编　辑　吕伟刚　应朝雄　丰国需　宋佐民

序 言

运河街道历史悠久，文化底蕴深厚。其历史可上溯至春秋时期，传说大禹治水曾经到过此地。古属吴越之地，充盈着越风吴韵。隋代大运河开通后，农桑兴旺。至宋端拱元年（988），临平山南置临平镇后，四处商贾云集，商贸兴盛。山北亭趾、博陆、五杭三集镇亦逐渐繁荣。至元末张士诚发军民开挖运河新河道后得以快速发展。因此，运河街道因世界文化遗产京杭大运河而生，又以运河为名，是运河这条母亲河孕育了这块土地灿烂的历史文化。

运河这块神奇的土地，人杰地灵，人文荟萃。南朝时，著名文学家、史学家沈约曾迁居博陆。而最为著名的历史人物当属明代博陆人钟化民和清代五杭人沈近思。钟化民被《明史》称为"不要官、不要命、不要钱"的清官，沈近思在《清史》中被誉为"操比寒潭洁，心同秋月明"的循吏，还有近代亭趾人姚虞琴，为著名书画家、鉴赏家。他们成为历史上运河人的荣耀。

中华人民共和国成立以后，境内设亭趾、博陆、五杭3乡。20世纪80年代中期，三乡又先后撤乡设镇。2001年8月，三镇合并设立运河镇。地方经济日益繁荣，社会发展日新月异。其间，先后被评为全国千强乡镇、浙江省农业农村现代化工作先进乡镇、浙江省教育强镇、浙江省体育强镇、浙江省东海文化明珠乡镇等。2011年8月，撤销运河镇设立运河街道。近年来，街道党工委以习近平新时代中国特色社会主义思想为指导，按照区委、区政府的决策部署，进一步完善基础设施、优化人居环境、提升服务功能、强化长效管理，全力打造"城乡融合发展示范地、运河特色文化展示区、杭城北部后花园"，高质量融入长三角一体化发展新格局。成功创建杭州市生态文明街道、浙江省卫生街道、浙江省"五水共治"工作先进集体、浙江省小城镇环境综合整治行动省级样板、浙江省美丽乡村示范街道和浙江省森林城镇，五杭集镇成功创建3A级旅游景区。

"盛世修志，志载盛世。"为了传承和彰显传统文化，便于社会各界全面了解运河街道，2019年，街道党工委和办事处决定在组织编写《运河街道志》的同时，编写《运河街道历史文化》。在编写人员的辛勤努力下，仅仅用了2年半时间，就完成了此书的写作。书共分四册，分别为《运河街道史话》《运河街道风情》《运河街道风俗》和《运河街道民间文学集成》。此书以历史事实为依据，采用大量的自然、政治、经济、人文等方面的史料，收集境内世代流转的民间传说、故事和歌谣，以散文、故事的形式创作而成。可以说此书是第一次对运河街道的人文历史、乡土风情、民间文学进行全方位、多视角的记叙，知识性、故事性、可读性强，不仅是一套史料翔实的地方文史资料，更是一本内容丰富的乡土教材。此书的出版，对推进街道的文化建设具有十分重要的意义，也为后人留下了一份宝贵的历史文化遗产，利在当代，功在千秋。

书得以顺利付梓，是编写人员严谨细致、勤勉工作的结果，在此，我要向他们表示衷心感谢。同时也希望此书能为广大读者所喜欢、所利用，更好地发挥其存世、育人、资政的作用。更希望运河街道的各界人士在阅读后，能更加深入地了解街道的历史与现状，热爱家乡，为家乡的改革开放、经济建设、社会发展，为运河街道在"东部崛起"中再谱新篇章，作出新的更大贡献。

是为序。

中共运河街道工委书记　陈杭

2022年7月18日

引　言

　　古人云："入境，观其风俗。"又言："一方水土养育一方人。"还说："十里不同风，百里不同俗。"这三句由古人传下来的老话很有意思，它一方面强调了风俗有着强烈的地域性特征，另一方面又强调了一个地方风俗对当地人们的影响。

　　风俗是什么？风俗是一种文化，是一个地方的普通老百姓世代相传下来的一种固定的生活习惯和生产方式。同时，它又是一种可以让人回味无穷的扎根于民间的文化现象。这种生活习惯和生产方式，在一个地方为人们共同遵守，哪怕城头变换了大王旗，可它依然存在，依然在民间世代相传。我们中华民族的风俗从远古走来，在它的身上有着历史留下的种种痕迹。这里有着值得后代子孙深深依恋并引以为豪的内容，诸如勤劳俭朴、自强不息、团结互助、尊老爱幼、扶贫济困、尊师重教、彬彬有礼、乐善好施等良风美俗，即使我们的生活发生了翻天覆地的变化，也不敢把这些根本丢掉。当然，另一方面，我们也必须承认它身上有着历史的烙印，不可避免地也存在一些陋俗恶习，这些陋俗恶习在新中国成立后已经不断地得到了改变。

　　风俗极具地方性，是一个地方的行为准则。但随着高科技的发展和现代化生活的冲击，随着大量外地人口的进入，随着不少"新节"和"洋节"的出现，我们有不少传统的风俗习惯正在离我们远去。所以，记录地方风俗成了一件非常有意义的事。尤其是今天。大家都知道，现代化的"阵痛"正冲击着当今世界的每一个角落，经济全球化的呼声日趋高昂，这就势必会带来不同文化的冲突和融合。于是大家都不约而同地重视起"文化自觉"这个话题来，大声疾呼，要弘扬自己的民族精神和优秀传统文化。

正是在这个大背景下，《运河街道历史文化》把"风俗"单独推出，记录那些即将消失和正在慢慢消失的风俗，为后人留下宝贵的文化遗产。

运河街道传统的风俗习惯，是一种典型的江南水乡风俗，它与原余杭区境内西部山区及南部钱塘江流域的风俗有着明显的不同。由于地理位置的特殊，它"一桥通三府"，同时与湖州和嘉兴接壤，故很多习俗与上述两个地区的毗邻区域有着一定的共性，特别是一些生产方面的习俗，几乎完全相同。当然，在具体的操作上也有着些许的不同。所以，我们说：运河街道的风俗有着自己的特色。

由于这本书仅仅是一本介绍当地风俗的小册子，并不是一本谈风俗的志书，所以涉及的风俗事项不可能面面俱到，只是选择了一些主要的部分予以介绍。

来运河街道看看吧，这里，拜蚕神、祭祖宗、人生礼仪、四时八节，风俗无处不在……

目　录

一季春蚕吃一年

运河街道，是临平境内的运河东来第一镇。旧时这里遍植桑树，是出名的蚕乡。这一带不但农民们家家户户都养蚕，就是集镇上的百姓，他们虽没有土地种桑树，但也会去买桑叶来养蚕。养蚕，可以说是这一带乡民们最主要的副业，蚕花的收入也是他们一年中最为大宗的收入，有俗语戏称："一季春蚕吃一年。"

蚕，吃叶结茧吐丝，是丝绸原料的主要来源。我国是世界上最早养蚕的地方，其蚕桑生产在人类经济生活及文化历史上都有着重要地位。养蚕缫丝，其所得的利润要远远高于其他各种类别的农业生产项目。所

采桑叶   摄影 褚良明

1

以，虽然养蚕缫丝十分辛苦，但乡民们还是乐此不疲，一年一年地继续着这份祖辈留下来的产业，他们愿以"蓬头束脚一个月"，来换取"舒舒服服吃一年"。

养蚕缫丝虽然获利甚丰，但利润越大风险也越大。因为蚕很难侍候，而且受到桑叶的制约，一个不当心蚕农就会血本无归。蚕，是个洁白的小精灵，它生性十分娇贵，怕光、怕冷、怕风、怕潮、怕虫还怕鼠。难怪我们的祖先在创造文字时，用"天虫"两字的组合，造出了这个"蚕"字，意喻着：蚕，天虫也。天上的虫来到民间，当然难养也。在这一带民间，还真把蚕认为是天上的虫，是上苍将此可爱的小虫下派人间，这才使人间有了蚕丝，有了丝绸……于是，为了养好蚕，乡民们首先从思想上对蚕引起高度重视，他们把"蚕"不叫作"蚕"，而叫作"宝宝"或"蚕宝宝"。在这一带的乡间，百姓们平时只有将婴幼儿才叫成"宝宝"，现在把蚕也叫成"宝宝"，则是把蚕与婴幼儿同样来对待了，是要把蚕当作婴儿一样来培养。这么小小的一个称呼，便可以从语言上看出乡民们对蚕的重视和厚望。

旧时科学落后，人们信奉神灵，认为世上每一样事物都有一个相对应的神灵在主管。分管蚕的神灵民间认为是蚕神菩萨，每年蚕收之丰歉均是由蚕神菩萨在主持。于是，人们敬奉蚕神菩萨，以祈求她的保佑。在这一带乡间，乡民们把"蚕神菩萨"叫作"马鸣王菩萨"和"蚕花娘娘"。这"马鸣王菩萨"又叫"马头娘"。老辈里曾传下来一个"白马化蚕"的故事。说很早很早以前，这一带的水乡有一户人家，家中只有阿爸、女儿两个人和一匹白马。后来阿爸被拉去当兵远征，说好两年回来，可到了第三年还不见踪影。女儿思父心切，有一天，她竟悄悄地对自己饲养的白马说："白马呀白马，快去寻阿爸，若能寻回来，我愿嫁给你。"谁知道她话刚刚说完，那匹白马竟然像通了神灵一样，点了点头突然腾空而去。几天之后，那匹白马竟然奇迹般地将那姑娘的阿爸驮了回来。姑娘大喜，便告诉阿爸自己向白马许下的心愿。谁知她阿爸说什么也不同意。他为了让女儿死了那条心，还偷偷射死了白马，并剥下了马皮挂在大门口的树上。姑娘晓得后跑过去抚摸着马皮不由伤心落泪。谁知泪水一掉到马皮上，那马皮当即卷了起来，竟将那姑娘裹着飞上天去。不久，姑娘和马皮便变成了马头形的蚕宝宝在树上生息……因为有了这美丽的传说，人们认为这蚕是由姑娘和白马变的，所以蚕的头形如马头，这姑娘和白马化成蚕后也就成了蚕神菩萨，故又有了"马头娘"和"马鸣王菩萨"的说法。而"蚕花娘娘"又称"蚕花五圣"，她和"马鸣王菩萨"一起主持着蚕花生产。乡间传闻马鸣王菩萨的生日是农历三月初五，而蚕花娘娘的生日则是农历十二月十二。这一带乡民有个习惯，他们凡是菩萨都拜，不会专认一个菩萨。所以，乡民们为了求得蚕事丰收，家家户户都敬蚕神菩萨。对这两个菩萨的生日一个也不错过，并有着许多种"敬蚕神"的习俗。

"敬蚕神"首先要把蚕神菩萨请回自己的家中，在家中张贴蚕神像。旧时有纸马店专门生产和销售各种神像。一进入腊月，家家户户便开始去纸马店买来"马鸣王菩萨"和"蚕花娘娘"的纸马，这是一种水印木刻的神像，图案大都是骑在马上的蚕神菩萨或被称作"蚕花五圣"的蚕神娘娘。买来蚕神菩萨的纸马后便将它张贴在来年要作蚕房的正墙上，贴好蚕神像后便在家中进行"拜蚕神"活动。这"拜蚕神"其实与"拜菩萨"差不多，也是一种祈求的礼仪活动。从前的蚕乡，每个村坊到处可见有小庙供奉"马头娘"。蚕农们除了在自己家里敬奉"马头娘"外，还纷纷去庙里叩拜，以保佑来年"蚕花廿四分"。说到这"蚕花廿四分"，这是杭嘉湖一带蚕乡特有的一种家喻户晓的蚕桑生产的祝福语。乡间认为每种作物的收成最好是十二分，而面临养蚕，人们却盼望和祈求"蚕花廿四分"，意思是想得到双倍的丰收。小小的一句祝福语，寄托着人们美好的愿望。各类"拜蚕神"的活动，到了蚕神菩萨的生日这天则达到顶点。腊月十二这一天，蚕农们纷纷在各自家中的蚕神画像前供奉起来，焚香点烛，备上大鱼大肉，由家中蚕妇、蚕姑先行祭祀。祭祀时口中还念念有词，祈求来年"蚕花廿四分"。蚕妇、蚕姑祭祀之后，便由一家老小轮流祭拜。在"拜蚕神"时，这一带蚕农还通行用米粉来做一些"茧圆"供奉蚕神，这"茧圆"原先是做成与茧子般大小的圆子，故而得名。后来乡亲们为了美观，便将一个个单调的"茧圆"做成了各式各样的形状，使"茧圆"开始变得品种繁多，有骑在马上的蚕花娘娘，有爬在桑叶上的大龙蚕，还有丝束、元宝、桑叶、莲藕、蚕茧、万年青、童男童女等等。到了来年的三月初五，又是民间相传的"马鸣王菩萨"生日，人们也同样如此地祭祀一番。在离运河街道五杭集镇不远的塘栖塘北村，有一个远近闻名的"马鸣殿"，每年三月初五这一天会有隆重的"马鸣殿庙会"。于是，到了三月初五这一天，运河一带的蚕农们便会赶往塘北村的马鸣殿去祭祀马鸣王菩萨，参加那隆重的"马鸣王庙会"。

在旧时，杭嘉湖一带的蚕农对"马鸣王菩萨"的崇拜，可以说是深入到了骨子里的。民间甚至流传着许多歌咏"马鸣王"的歌谣，并产生了一批民间歌手。到了冬天农闲时，在"蚕花娘娘"的生日前后，那些民间歌手会走村串户来唱这些歌谣，为蚕农们来年的蚕花生产"讨彩头"，称作"唱蚕花"。这些歌手大多是从桐乡和德清那边过来的，他们挨家挨户来到蚕农家里唱蚕花，有的还会赠送印有蚕神菩萨的纸马，并帮你贴起来，一边贴一边唱。当然对于这些唱蚕花的民间歌手，主人都是要意思一下的，有的是物，有的直接是钱。这些歌手中，桐乡方向来的歌手专唱《马鸣王》，歌词是这样的：

马鸣王菩萨到府来，到你府上看好蚕。

马鸣王菩萨出身处，出世东阳义乌县。

爹爹名叫王伯万，母亲堂上王玉莲……

湖州方向来的歌手唱的是《马鸣王赞》，目前收集到的版本比较完整，歌词如下：

蚕宝马鸣王正君，蚕王天子圣天帝。

听赞菩萨马鸣君，马鸣王菩萨进门来，身骑白马坐莲台。

请问菩萨归何处，特来降福又消灾。

菩萨妙法九霄云，方便慈悲救万民。

观世音上广寒宫，马鸣王菩萨化蚕身。

看蚕娘子不知蚕宝何处寻，蚕身出在婺州城。

家住婺州东阳县，小孤村上有个刘氏女，每逢初一月半去斋僧。

刘氏生下三个女，三位女儿貌超群。

大女二女早完婚，唯有三女不嫁人。

三女取名金仙女，年登十八正青春。

青丝细发蟠龙髻，聪明伶俐赛观音。

有朝一日身染病，看看病重在其身。

三餐茶饭全不吃，一病不起命归阴。

只有亲娘舍不得，买口棺材葬其身。

葬在花园桑树下，浑身白肉化蚕身。

上树吃叶无人晓，树头做茧白如银。

凡人见了白茧子，是要收来传万村。

男女见茧嘻嘻笑，上山采茧心欢喜。

摘茧公公多欢心，请得巧匠就把丝来做。

做丝须用拔温汤，做得细丝千万两，至今留下传万村。

自有好人收好种，万古流传有名扬。

冬天穿了浑身暖，夏天穿了自然凉。

年年有个清明节，家家拜谢马鸣王。

除了桐乡和湖州来的民间歌手之外，在当地也有民间艺人会唱蚕花，但当地都是用"宝卷"的形式来吟诵马鸣王。唱"宝卷"需要有一定的仪式，故往往只有一些大户人家会请。这蚕花宝卷也颇受当地蚕农们喜爱，附近有人家在唱，往往周围的百姓都会赶过去聆听。除此之外，这里的蚕农们自己还会念一种《马鸣经》，唱词内容如下：

阿弥陀佛要念马鸣经，马鸣王菩萨马鞍山上坐龙庭。

一脚踏在蚕花墩，养个龙蚕共百斤。南无阿弥陀佛。

这段《马鸣经》是当地蚕农在三月初五去塘北参加"马鸣王庙会"时学来的，至今还保留了下来。

杭嘉湖一带蚕桑生产的发展与南宋皇朝在杭州建都有点关系。众所周知，我国是世界上最早养蚕的国家，但早期的养蚕业大都集中在北方一带，直到宋室南迁时，大量的北方人跟着皇室来到了南方，他们把当时北方先进的养蚕技艺带了过来，这才使杭州一带盛行起栽桑养蚕。由于运河流域这一带的水土环境更适合养蚕，故久而久之，杭嘉湖一带就发展成了名闻天下的"丝绸之府"。蚕桑生产在这一带的快速发展，也与它带来的经济效益有着很大的关系。在早期的农副产业中，蚕桑是一项时间短收效快的产业，它比种粮食的收益要高三倍以上。再加上运河流域一带独特的近湿地地势，水网密布，岸上池塘较多，河港和池塘中的污泥可挖起来用到桑树地上作为良好的有机肥料，树上生长的桑叶可以用来喂蚕，养蚕时产生的蚕粪又可倒入池塘孳生微生物及藻类，改善水质营养，为鱼类提供食料和良好的生存环境，形成了一条产业生态链，人们称它为"桑基鱼塘"。从而使得这一带蚕农日益增多。每逢蚕期，自家桑叶不够吃时还得出门去买，"如飞双桨买桑还，梁头挑灯夜放船"的情景也屡屡出现。

几百年来，乡民们在长期的栽桑养蚕生产中形成了种种与育蚕有关的习俗，不少习俗一直在流传着。在这一带的蚕农口中，还流传着不少与养蚕相关的农谚，如"种得一亩桑，可免一家荒"；"种桑养蚕，一树桑叶一树钱"；"种桑三年，采桑一世"；"稻好好一季，蚕好好一年"；"要钞票，多种桑"；"家有百株桑，一家吃勿光"；"蓬头束脚一个月，舒舒服服吃一年"等等。

旧时，在这一带的民间，从腊月十二蚕花娘娘生日起即开始"拜蚕神"，启动一年中相关的蚕俗活动。大年三十夜里，家中的女主人都要在贴着的蚕神像下点上一盏油灯。此灯很有讲究，称作"蚕花火"或"蚕火灯"，要从大年三十晚上一直点到大年初一早上，是个"跨年灯"。到了正月初一早上，蚕妇起早扫地时其扫法与平时不同，必须将扫把从门口往里扫，俗称"扫蚕花地"。因为年三十夜里家里已经点过"蚕花火""蚕花灯"，家中的地上到处沾上了蚕花宝气，所以扫地时必须从外往里扫，以确保自己家中的蚕花宝气不出门。更有甚者，不少家庭大年初一索性不扫地，意思是这满地宝气就让它留着，不去打扰它。

大年三十夜里或正月十五夜里，村民还会用稻草、竹苇或其他柴禾扎成小束，点燃成火把后高高举起，在田埂上到处奔跑。其间还不时地把手中的火把掼上掼下，在黑暗的夜空里划出点点流星，煞是好看。此俗名"烧田蚕"。据说烧田蚕时还要唱一种名叫"烧田蚕"的歌谣，由请来的民歌手演唱。其歌词大意是：

火把掼得高，三石六斗稳牢牢；

火把掼到东，家里堆个大米囤；

火把掼到西，蚕花丰收笑嘻嘻……

民国后，此俗日渐淡薄，能唱几句"烧田蚕"歌谣的人已十分难觅了。正月十五夜里，孩子们还会点个小灯笼，结伴在户外奔走，一边跑还一边唱：

猫也来，狗也来，搭个蚕花娘子一道来……

到了清明，民间有句俗语，叫"有日无日，清明廿日"，意思是指清明过后20天就要养蚕了。于是，更加热闹的"轧蚕花"活动便在清明节时展开。"轧蚕花"，同样是一种对蚕神的祭祀活动。与家中的祭祀活动不同,"轧蚕花"是一种群体性的祭祀活动。在运河街道周边,有三个地方"轧蚕花"活动最为出名:一个是德清的含山,一个是桐乡的洲泉,另一个则是塘栖的超山。蚕农们对这三个地方各有信赖度,往往都会根据自己的信赖度选择一地去参与"轧蚕花"活动。

这"轧蚕花"的"轧",音"嘎",是我们当地的一种方言,与普通话中的"挤"字意思相同。这里用了这个"轧"字,可见这项活动是多么地热闹了。

"轧蚕花",是一种从蚕神信仰中演变而来的民俗活动。由于这一活动固定在每年的清明时节举行,而且在这一带又是集聚到超山去举行,故民间又有"清明超山轧蚕花"之说。这"轧蚕花"是江南蚕桑生产习俗中的一个重要组成部分,是民间自发的群体性的祭祀蚕花娘娘的活动。挖掘和研讨这一习俗,对研究江南蚕桑文化有着极其重要的意义。

"轧蚕花"这一习俗,是伴随着蚕桑生产产生的。在旧时,养蚕收入是一户人家的主要收入,有"蓬头束脚一个月,舒舒服服吃一年"之说,故在乡间几乎家家户户都栽桑养蚕,人人敬奉蚕神菩萨。养蚕人家除了在家供蚕神、拜蚕神之外,每逢清明,全都自发地到超山的各大庙宇去烧香拜佛,求得蚕神菩萨保佑。天长日久,约定俗成,于是就形成了规模空前的"轧蚕花"活动。这"轧蚕花"活动为何不在其他日子举行,而非要放在清明节期间举行呢?这是和清明节的时间节点有着一定关系的。旧时养蚕人家最看重的是春蚕,一季春蚕可吃一年,还有的人家干脆只养春蚕不养秋蚕。而清明节则是春蚕饲养前的最后一个节日,过了清明,人们就得开始筹备养蚕事项了。民间所说的"有日无日,清明廿日",意思是说清明过后 20 天就开始正式养蚕了。而在清明时节乡民们相对较空闲一些,有时间来庆祝。"轧蚕花"这一活动依附在清明节期间举行,正好让蚕妇蚕姑们在进入养蚕季节前可以好好狂欢一番,借祭祀蚕花娘娘之名,乐一乐,闹一闹。再加上这时正是风和日丽百花盛开的春天,万物欣荣,百草丰茂,借此踏青观景,熬过了温长而寒冷的冬天的俊男倩女们则更是兴致勃勃，愿意争相赴会，一睹盛景，并结交新朋。

每年一到清明节，这一带的蚕农，全都像赶集一样纷纷赶往超山的大小庙宇去烧香敬拜蚕神，其中蚕妇蚕姑则是当之无愧的主力军。去烧香拜神的人不论男女老幼，都得在头上戴上一朵用彩纸或绢制作的小花，名为"蚕花"。女的纷纷将那蚕花插在鬓边或头发上，男的则将蚕花插在自己的帽檐上。远远望去，成群结队的蚕农头上都是一片五颜六色的蚕花，挤来轧去，煞是热闹。故此俗以"轧蚕花"为名。说到这个"轧蚕花"的名字，还得说说"蚕花"。蚕花并不是真的花。在蚕乡，乡民们也将"蚕茧"说成是"蚕花"，就像把春季收获的作物麦类、油菜等称作"春花"一样。蚕茧的收入在乡民们口中也就是"蚕花收入"，相互间问询家里养蚕好不好就是"蚕花好不好"。当地民间还有一句通用祝词"蚕花廿四分"，就是祝愿蚕茧双倍丰收。所以，在"轧蚕花"时将头上戴的纸花和绢花说成是"蚕花"，可能还有一层象征着盼望蚕茧

养蚕　　　　　　　　　　　　　　　　　　　　尤源海　画

生产热闹红火的意思在内呢。

在这一带的蚕乡，清明时节有"头清明""二清明""三清明"的说法。"头清明"指的就是清明当日，也叫"正清明"；清明后一日则称作"二清明"；清明后两日则是"三清明"。俗语所说的"三日清明四日年"，也可解释为清明期间要热闹三天。超山的轧蚕花习俗从头清明开始一直要闹到三清明，其中尤以"头清明"那天为盛。"头清明"那天，四邻八乡的蚕农一早便出门去超山轧蚕花。据说，轧蚕花时心诚则会带来这年的蚕花丰收。故蚕妇蚕姑在这一天均梳洗得干干净净，穿红着绿，头戴蚕花，年纪稍大一点的还背有一个紫红色或橘黄色的蚕种包，在里面放着种蚕，让种蚕也来沾点蚕花宝气。还有的拿着洗得干干净净切成短段并两头蘸红的甘蔗，还在甘蔗上插上几朵蚕花，有"甘蔗节节高，蚕花养得好"之说。长期以来，江南一带的人信仰并不专一。虽然出门时其目的是祭拜蚕神，但到了超山，往往是见庙就烧香，见佛就拜祭，连土地菩萨都统统拜到，一个也不漏掉。这大概就是过去那句老话中"宁可错落一村，不可错落一家"的观点吧。蚕农们焚香拜佛之后，剩下来的时间就是玩耍了。旧时封建意识甚重，青年女子一年到头是不太有机会抛头露面去外面尽情玩耍的，特别是与异性之间，更是因为碍着"男女授受不亲"的训条，平时连搭个腔都难。可这一天，却全"解放"了，再封建的人家也允许女儿出门轧蚕花。所以，这一天成了年轻人的节日。

此地"摸蚕花奶奶"的习俗其实与旧时的土法育种有关。在清代，蚕种生产没有催青室，流行的是土法育种，养蚕人家都是自家土法育种。用上年的晚秋蚕籽来孵化蚕种，俗称"秋籽春焐"。育种时一般要先"浴种"，将蚕种纸（篓纸）在盐水中浸泡一下，随即揩干，包在丝绵里。蚕子需要一定的温度才会出子，旧时育蚕没有什么保温设备，故蚕妇蚕姑都将蚕子焐在胸口，借自己胸部的体温来让蚕子早日出世。此法当地老人叫作"姑嫂焐种"。

到了民国以后，为了促使蚕桑生产进一步发展，国民政府推行引进新法实行科学育种。即由政府出资设立蚕种场，开始用催青的方法培育蚕种，并下令在蚕乡统一取缔土法育种。对于这一做法，这一带的老百姓一开始还真接受不了，有着极大的抵触情绪。他们我行我素，继续坚持自家土法育种。在余杭一带的蚕农中，由于不少蚕农是靠卖蚕种过日子的。取缔土法育种，即等于敲碎了他们的饭碗，故而为此还曾发生过大规模的聚众抗议取缔土法育种的行动。但是，新法育种的质量毕竟要高于土法育种，时间一长，老百姓也就慢慢接受了，基本上不再自行育种了。一旦家中不再自行育种，最开心的是那些大姑娘小阿嫂，她们再也不用在胸口头焐种了。时间一长，随着新法育种的稳固，这流传几百年的"摸蚕花奶奶"的习俗就在这一带的蚕乡彻底消失了。

"摸蚕花奶奶"的习俗是消失了，但"轧蚕花"的习俗依然存在。每到清明，超山的"轧蚕花"依然十分热闹。

新中国成立后，"轧蚕花"的风俗一直沿存，但却已逐步发展到了

养蚕

摄影　褚良明

11

"借佛游春"的地步。"文化大革命"的十年，这一习俗不复存在。但"文革"后这一习俗又迅速得到了恢复。特别是20世纪80年代初期，蚕桑生产又从集体回归到一家一户的模式，蚕农们"轧蚕花"的积极性又来了。恢复后的"轧蚕花"，年纪大的蚕农不太多见，大都局限于青年男女，成了青年男女找对象、轧闹猛的狂欢节了。

到了90年代的中后期，赚钱的路子越来越多，蚕桑收入在全家收入的比例上越占越小，小到几乎可以忽略不计。于是，除了家中的老人还会继续养养蚕，那些年轻人都不再养蚕。更由于毁桑造田种粮、卖土制砖、地改田及农田中化肥农药使用量增加而污染桑叶造成药害等原因，使得蚕桑业衰退得很快。随着蚕桑生产的迅速衰退，"轧蚕花"这一习俗也逐步开始冷落。

在旧时境内乡村大规模养蚕时，一般在清明过后，家家户户便开始清扫蚕室（大多是大门内的正屋，俗称"厢屋里"），给蚕室消毒，洒石灰水，清洗蚕架（俗称"蚕橱"）、蚕匾，表示一年一度的春蚕饲养季开始。从此时起，接下来所有的蚕俗就全都围绕着蚕茧生产而展开了。

20世纪50年代，组织起来后，生产队都把蚕种集中起来饲养。饲养的地方选择生产队最好的公用房，也必须事先清理、打扫和消毒，这些蚕房被叫作"共育室"。共育室必须有良好的加温保温措施，一般用火炉烧优质炭加温，适宜温度为20～25℃。因小蚕既怕冷又柔弱，要用温度计控制好室温，以利蚕宝宝顺利生长。被选入共育室里饲养小蚕的妇女，必须是有丰富经验和耐心细致、不怕疲劳的人。饲养小蚕十分辛苦，日夜不息，不得有半点马虎。甚至连桑叶也要揩净切细。蚕宝宝要经过四次蜕皮休眠的过程，分别称为"头眠""二眠""三眠""大眠"。待到小蚕在蚕匾里养到"大眠"时，就要把这些蚕宝宝分到各家各户去饲养了。分户后，方可喂以整张的桑叶。一直养到蚕宝宝上山做茧，最后把茧子采下卖到茧站。

在旧时的这些蚕俗中，"关蚕门"是最为普遍和常见的。在这一带

养蚕   摄影 褚良明

的农村中，平时家家户户的大门在白天几乎全是敞开的。邻里间相互走动串个门，过路的陌生人上门讨杯水喝，都可以随便踏进每一户家门。但是到了蚕月，这"敞开大门"的做法就行不通了。由于蚕是一种比较难养的小动物，蚕农将蚕奉若神虫，在养蚕期间往往不允许生人冲撞蚕室，以免使蚕受惊或带进细菌害病。为此，家家户户采用了一个最为原始也最为简便的方法——关门。将平时敞开的自家大门关住，日常生活均从边门进出，连亲邻之间都暂停走动。此俗就称作"关蚕门"，也称作"闭蚕门"。

过去养春蚕的时候正好是农历四月，乡民们称作"蚕月"。每逢蚕月，养蚕的人家家家户户大门上都会挂上一些桃枝和大蒜株叶用以避邪，还有的干脆用草帘围住整个蚕房。那些关着的大门上，考究一点的人家还会贴有写着"蚕月"或"蚕月知礼"的红纸条，以示这里是育蚕禁区。有的甚至还在家门口的道地上用桃树枝打几个桩，以示禁区。

"关蚕门"时，一家大小都从边门或后门进出，连亲戚邻舍都不相往来，若是偶尔碰上件什么事情非得去向邻家借点什么，则显得十分有趣。借者不能从邻家的大门过去，只能踱到邻家的边门口，故意自言自语地大声说道："哟，某某家哎没人嗒，我倒想问伊借点××嗒。"此时，屋里厢的人听到后则会拿着他需借的东西从边门出来递给他。借者接过物品后须递上一把早已准备好的桑叶，并口诵"蚕花廿四分"才行。如果连叫几遍，屋里人没有听到或者没有反应，那借物者只能先回去再说，或者另到别人家那里去借借看了。

"关蚕门"这一习俗由来已久，在这一带蚕区，祖祖辈辈都沿习着这一习俗。这个做法虽然土了点，而且也没有一定的科学依据，但从某种程度上来说，的确对预防蚕病起到了一定的作用。"关蚕门"这一习俗一直要到蚕宝宝上山结成了茧子后才解除。到了那时，蚕农重开大门，拆除门上的草帘，拔掉道地上的桃树桩，开始恢复日常生活。一时间，亲邻们又重新往来，相互慰问互赠茶点，并询问相互间的蚕花收成。一时间，相互走动又形成了一种习俗，此习俗与"关蚕门"相对应，叫作"开蚕门"。"开蚕门"后，忙了一个月的蚕妇们开始有空余时间互相串门，相互询问蚕收情况，并着手筹备接下去的缫丝事宜。由于难得有几天空闲，而那时又正值端午时分，故家家户户都会添上几个好菜，慰劳辛苦了一月的蚕妇、蚕姑，此举又有"端午谢蚕花"之说。蚕姑们还会在午后结伴去河边戏水，称为"戏蚕花水"。

这一带的蚕桑生产在新中国成立后在人民政府的重视下得到了迅猛发展，蚕农们从旧时的一年养一季春蚕发展到一年养四季蚕，分别是春蚕、夏蚕、早秋蚕和晚秋蚕。甚至有一段时间还养过中秋蚕，从而使蚕茧生产一年达到五季。但不知是什么原因，这个"关蚕门"的习俗，人们只是在春蚕饲养时比较重视，其他几季都不太讲究。也许是老底子是只养一季春蚕的，而且养春蚕的人家特别多，所以老底子的关蚕门习俗也只在春蚕期间才有的缘故吧。改革开放后，这一带的养蚕人家日益减少。但在这些为数不多的养蚕人家中，"关蚕门"的习俗依然存在。尽管现在育蚕人家的房屋早已是三四层的小洋楼了，但在养蚕期间，一些人家的大门口还是挂着草帘，表示我家已"关蚕门"。这种在现代建筑上传承着古老的遗风，颇有点传统和现代相结合的味道。

在这一带蚕俗中，除了上面所说的以外，还有一个大块值得一提，那就是与养蚕密切相关的禁忌习俗。

旧时因为科学落后，蚕农普遍没有文化，思想闭塞。为求得蚕花丰收，大家只知道信奉蚕花娘娘，求得蚕神菩萨的保佑。民间认为，蚕是极有灵性并娇嫩神圣的动物，稍有不慎就会使其受到损伤，如果冒犯了它，更会使它神秘地离去或者死亡。所以，她们在历代养蚕的过程中积累了不少经验，也产生了不少禁忌。这些禁忌，也给蚕乡带来了一些蚕禁方面的习俗。明代时留下来的《蚕经》上有这样的记载："蚕不可受油镬气、煤气，不可焚香，也不可佩香，否则焦黄而死；不可入生人，否则游走而不安箔；蚕室不可食姜暨蚕豆；上蔟无火，缲必不争；蚕妇之手不可撷苦菜，否则令蚕青烂。"这些记载，都是一代代育蚕人的经验

捉眠头　　　　　　　　　　　　　　　　　　　　　　　　摄影　褚良明

总结。在这一带蚕乡，虽然没有文字记载，但这些经验之谈均通过口耳相传的方式，一代代地延续了下来。到了清代，这一带育蚕之禁忌更加细化，渗透到生活之方方面面。虽然也有一部分由于缺乏科学知识而带有一定的迷信成分，但为了养好蚕，蚕农们世代相传着这些禁忌，谨小慎微，世代沿习笃守，形成了一些有趣的习惯和场面。

在乡间，为防野鬼侵袭蚕室影响蚕宝宝的生长，旧时在即将开始养蚕之前，蚕农们要在夜间用手在石灰水中浸湿，然后在育蚕的门窗上按上一个个白手印。相传按上了这些白手印后，野鬼就不会再来。而且，这按白手印时还有许多讲究。据说，去按白手印时不能让别人看见，必须独自一人在晚上悄悄地进行。一旦你在按白手印时让别人看见了，此招就会失灵。所以，大部分人家都是在半夜里起来去按白手印。应该说，这一做法客观上也能起一点消毒作用。

蚕宝宝十分娇贵，它还有许多天敌，其中老鼠对蚕宝宝的危害最大。在旧时，农村中老鼠又特别多。为了消灭老鼠和驱除老鼠，蚕农们

春蚕大眠   摄影　褚良明

几乎家家户户都有着养猫的习惯。除了养猫，有的人家还会去买些泥猫或剪些猫形的图案，放在蚕室的角角落落，借以达到吓唬和震慑老鼠的目的。离运河街道不远的杭州半山一带，过去出产的"半山泥猫"远近闻名，据说还十分灵验。所以，在养蚕前，时常有人去那里买几只泥猫回来，放在蚕室里用来吓唬老鼠。此举与在丰收的稻田里插个稻草人的做法是同一个道理。

养蚕期间，乡民们在语言上也有许多讲究，形成了一种独特的语言禁忌。说起来，这语言禁忌过去由于科学不普及，各个行业都有。但育蚕上的语言禁忌与其他行业相比，显得更为普及，它深入到了每个家庭成员之中，并还带有一些神秘的色彩。比如说，平时语言忌讳"鼠""僵""亮""扒""伸""冲"等等。于是便将老鼠称作"夜佬儿"，将酱油叫作"颜色"，天亮则称"天开眼了"。平时称"蚕"不叫"蚕"，而要叫"宝宝"和"蚕宝宝"，蚕长长了不能叫作"长"，而要叫成"高"。如此等等，难以一一列举。这些特殊的语言，外来人根本听不明白，而这一带的人世世代代这么称谓，自然会心领神会，并运用到平时生活的方方面面。育蚕的禁忌还有很多，比如，家中养的蚕不能数数，说是数了数后蚕会减少；并忌破匾养蚕，认为破匾即塌匾，将预兆"倒蚕"，故再穷的人家都宁愿借债购新匾也不愿意用旧匾来养蚕。蚕宝宝得病后有的会变成通体雪白，只会吃桑而不会结茧。对这种蚕，这一带的人们形象地称呼它为"白肚儿（又称'白肚蚕'）"。这"白肚儿"是只会吃叶而不会做茧的，故人们还将这蚕宝宝中的"白肚儿"引申到人的身上，对乡间那些好吃懒做的人，人们也会用"白肚儿"来称之。久而久之，这"白肚儿"成了当地一种别致的形容词和象征词。

旧时农村中蛇很多，有一种被叫作"家蛇"的蛇（即俗称的"如蛮蛇"），会时常在农舍房屋中出入。人们认为这种家蛇是不会害人的，而且还会庇护东家，故平时都对这种家蛇很敬重，甚至奉若神灵。假如蚕房中偶尔碰到有这种家蛇进入，则须禁忌蚕妇们惊呼和上前扑打。蚕农

上蔟 摄影 褚良明

们认为：这种家蛇进入蚕房，是"青龙"巡游，是好事，会福佑自家的蚕事。故不但不能惊呼扑打，而且还要叩拜斋供，听其自去。

蚕农们在育蚕期间除了禁忌之外还有许多忌讳。如忌讳陌生人进入蚕房，忌讳戴孝人进入蚕房，忌讳经期妇女和产妇进入蚕房，忌讳在蚕房中哭泣，忌讳在蚕房内晾晒妇女的内衣内裤，忌讳在蚕房内说脏话淫词，并忌讳育蚕期间夫妻同房。这些忌讳在当地蚕农心中已根深蒂固，基本上都不会去触及。但外地人不知情呀，万一有外地人进入蚕房怎么办？因此这一带还有这样一个习俗，万一碰到有陌生人冲撞蚕房了，必须用一碗饭和两样菜，去那陌生人来的岔路口烧香祭拜，然后将饭菜倒在路口，称之为"送野鬼"。这样做，据说能起到一定的弥补作用。

这些禁忌也好，忌讳也罢，都反映了旧时蚕农们对蚕宝宝敬若神灵，小心谨慎的一种心态。如今，这种种禁忌和忌讳，已随着科学养蚕的推广而逐渐消失。随着近年来蚕桑生产的衰退，这一带的蚕农已经很少有人再养蚕了，那些蚕桑生产习俗也已经在慢慢离我们远去。现在的很多年轻人，已经不知道养蚕还有这么多的讲究了。

但是，在这一带老一辈的人们中，对当年那些蚕桑生产的往事还如数家珍，还有人知道敬奉马头娘，还有人知道十二月十二是蚕花娘娘的生日，还有人会说那句"蚕花廿四分"……

人之一生三大事

  人的一生，从出生到去世，将经历无数的事，从而也引发出许多与人生礼仪相关的习俗。在这一生众多的事项中，究其最重要的事项来说，无非只有三件是大事，那就是"求学""择业"和"婚嫁"。说这三件是大事，是因为这三件事的好与坏，将直接影响这个人的整个人生。但是，在运河街道这一带人们的心目中，人生之传统的三件大事，则与上述三项不同，分别是"造房子""讨娘子"和"生儿子"。这三件大事分别是针对男人而言，这和旧时"重男轻女"的思想有着很大的关系。这三件大事也在当地的民风民俗中非常强烈地表现了出来。

  为何"造房子""讨娘子"和"生儿子"会成为当地百姓心目中的

建草房   尤源海　画

三件"头等大事"？喏，在旧时，老百姓讲究"做做吃吃、传宗接代"，而这三件事正好符合了"做做吃吃、传宗接代"的要求，同时也包含了"传宗接代"所需要的基本条件，所以才被人们看作人的一生中极其重要的三件大事。说起来其实也是很有道理的，房子是立身之本，一个人成家立业需要有自己的房子，而传宗接代又需要你去娶妻生子。房子的好坏，是最直接体现此户人家经济实力的牛性标志，同时也是大多数姑娘择偶的先决条件。房子差的人家往往经济条件也差。因此，大多数农家有钱先花在建造新房上。没钱建房的人家，小伙子往往讨不到老婆，只能入赘去别人家。过去重男轻女，生了儿子才能代代传承。所以，这三件大事均是从男人的角度考虑，有着一定的时代背景。

在旧时，这一带还围绕着这人生的三件大事而流传着这样一句俗语，叫"房子爹爹造，老婆阿爸讨，儿子自家生"。也就是说，一个人所居住的房子，是他爷爷出钱造的；而到他结婚时，又是他爸爸出钱给他办的婚礼；而他，只要完成生儿子的任务就可以了。但是，等他的儿子到了要结婚的时候，作为父亲的他也要与他父亲当年为他办婚事一样，操劳儿子的婚事了。当他成为爷爷的时候，又得像他爷爷当年一样，去劳心造房子的事了。什么年龄段办什么样的事，这也是一种轮回吧。

千百年来，"造房子""讨娘子"和"生儿子"，一直是这一带百姓所公认的三件大事。围绕着这三件大事，也产生了不少独特的带有当地地方特色的风俗习惯。

先来说说"造房子"

在这三件大事中，造房子是重中之重。当孩子大起来了，做长辈的第一件事就是要考虑造房子。有了房子才能去为孩子谈讨娘子的事，孩子讨了娘子才能完成生儿子的任务。旧时子女多，那些条件好的人家在造房子时就考虑到这个问题，往往有几个儿子就会造几间房子，从而使儿子长大后成家立业，起码每人能分到一间房。

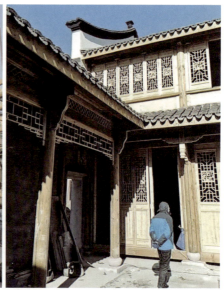

造房子　　　　　　　　　　　　　　　　　街道文体中心　提供

　　这一带的民居，在建造时大都选择坐北朝南。民间认为朝南阳光充足，富有生命力。但这个朝南却不能朝正南，而要稍微有点偏斜。这是因为乡间认为寺庙和宫殿均是朝正南的，而民居和寺庙宫殿不能比，如果也是朝正南的话则会有不敬之嫌，是会遭受灭顶之灾的。伴随着造房子也产生了很多习俗，其中最主要的习俗有选地、选材、选日、立柱、上梁、落成、庆贺等。但如果你是旧房翻建，那之前还必须加上"除旧"，即拆除旧屋。旧时乡民的住宅基本上全是平房（少数人家内房建为二层楼房），清一色的砖木结构，连成长墙。一墙墙连成片，即成一个小村坊（自然村）。自20世纪80年代开始，一些先富起来的村民开始建造楼房，因略带西式，故称为"西洋楼"。近十几年来，又出现了小别墅。随着农民们一个个富了起来，房屋更新周期也大为提速，昔日"房子爹爹造"的局面，基本上已经没有了。近几年来，随着城市化建设的推进，住宅都是小区式的，都是房产商建造的商品房了，个人建造房屋的情况正在逐步减少。用不了多久，这个千百年来流传下来的"造房子"习俗将会演化为"买房子"了。

旧时，百姓比较迷信，在造房子前，通行先去请个风水先生来察看和选择地基。而请风水先生也有讲究，必须由这家人家的当家人去请。请风水先生看过后，往往风水先生还会交待各种禁忌，并一一关照好破解方法。待以上这些事项搞定后，才能最后确定地基。选定了地基后接下去就是选材了。选材也是"术业有专攻"，由事先请好的帮助造房子的泥水木工帮你去选择所需要的材料。选材主要是选木头和砖瓦两大类，其中又以梁和柱为主要选择对象。搞定了材料后要动工，这破土动工的日子也颇有讲究，也要去请风水先生来选择一个吉日良辰，称作"挑日子"，也称"挑日脚"和"拣日脚"。也就是说，在建房前，东家首先要挑一个正式开工的日子。

"挑日子"是一种乡间所常见的民俗事项。老底子乡民们都比较迷信，认为每一天的日子都各不相同，有吉有凶，福祸相依。所以每逢家中需要办大事，如造房子、讨娘子、打灶头等，都要事先挑个日脚，选择黄道吉日，避开那些凶日。有些考究一点的人家，甚至选了日子之后还要选时辰呢。因过去认为，一天十二个时辰中也是有吉凶的。民间世代相传的事项，一般人总认为是人家这样做了，我家也得跟着做。否则于心不安，在别人心目中成了另类。而且若是真的出点什么差错事故，不仅自己会追悔莫及，而且别人也会说长道短。正因为这样，长期以来，这"挑日子"就成了乡间一种颇为流行的民俗事项了。旧时要建房的东家，都对这挑日子十分重视。一般会请当时帮助选地的风水先生来帮助挑日子，也有的人家会上街去请个算命先生，帮助推算一个吉日，来作为动工的日子。动工时先开屋基，开屋基时妇女必须回避。否则据说会带来不吉利，到底是什么不吉利，谁也说不清楚，反正是一代一代地这样传下来的。在这一带乡间，建房时往往还必须在工地上高高悬挂一面红旗，以求诸事顺利，大吉大利。同时在周边的界桩上缚上红纸。

过去这一带造房子的泥水木匠及杂工大都是附近的本地人，他们来造房子一般都是早出晚归。若是碰到一些路特别远的，来来回回太费功夫，则往往就住在东家的家里，直到造好房子才回家。泥水木匠们为东家造房子，中餐晚餐都是在东家家里吃，所以他们与其他的一些手艺人一样，被称作"吃百家饭"的。他们一家家生活做过来，饭也一家家吃过来，往往会有个比较。所以，东家往往会对招待泥水木匠师傅"吃"非常地上心，乡间把招待这些师傅吃饭，称作"待泥水"。"待泥水"的"待"，就是招待、接待的意思，这"待泥水"，就是表示要招待好这些造房子的师傅。过去的手艺人大都是上门干活的，作为主人，也就是"东家"，就要负责这些手艺人在自己家中的膳食，乡间称作"待"。如果上门干活的是漆匠，就称作"待漆匠"；上门干活的是裁缝，就称作"待裁缝"；上门干活的是船匠，于是就称作"待船匠"了。"待泥水"是从泥水师傅进门动工那天开始，到完工出门那天为止。其间，东家将负责师傅每一天的中餐和晚餐及下午的一顿点心。这一带的东家，往往对师傅们招待得很热情，主要表现在两个方面，一是菜肴每顿有荤菜，二是点心天天换品种。碰到喜欢吃酒的师傅，东家还会为他顿顿准备好酒水。而且不论是师傅还是杂工，每人每天发给一包牌子较好的香烟。东家这样做，其良苦用心一是想让师傅们知道这个东家是客气的；二是想用自己的客气换来师傅的生活做得漂亮。毕竟造房子对一户人家来说，是百年大计。

其实，你做东家的待师傅们好了，是绝对不会吃亏的。那些师傅吃百家饭，都快成精了。人心都是肉做的，你待他好，他是会回报东家的。具体的回报是会千方百计地为东家省料。好用短料，决不用长料；好用小料，决不用大料。所以，大部分做东家的都明白这个道理，都会想尽办法待好师傅。其实，正如一句老话"一客气换来两客气"说的，你客气了，人家自然也会回报客气。旧时不光是泥水木匠，其他的手艺人也都是这样，东家待他们好点，他们会千方百计地在用料上回报你。若是东家待他们太抠门，那么，那些手艺人则会让你在材料上吃些苦头了。"待泥水"有两天特别重要，一是开工那天，二是收工那天，这两天东家往往都会有大鱼大肉。特别是收工那天，考究的人家像办酒一样设宴招待这些造房子的师傅，感谢他们连日来的辛勤劳动。

房屋结顶时还有个"上梁"的习俗，"上梁"是造房子过程中最重要的环节，一般也要事先就选好了吉日良辰。按照旧俗，选定的"上梁"日子是不得随便更改的，哪怕这天刮风下雨，也得如期进行。一旦改期错过时辰，唯恐将影响新屋的吉利。上梁时，那根用作栋梁（亦称"正梁"）的木头早已由木匠师傅准备好了。并由主人夫妇或主人父子两人抬进屋里，悬空挂在那里。然后主人在梁的正中挂上红布一幅，红布上嵌着有皇帝年号的铜钱五个或七个，这些铜钱最好是清代"顺治"年号的，称作"顺风钿"。挂好"顺风钿"后，就等候上梁仪式的正式开始。正式上梁时，堂前供起三牲福礼、馒头果品，主人抓起一只早已备好的大公鸡，在其颈上割一刀，将鸡血滴在栋梁的榫头上和新屋的柱脚上。然后，泥水匠和木匠各站在屋顶一边，一人一头将栋梁徐徐往上吊。此时，鞭炮齐放，匠人们将馒头、糖果、糕饼、铜钱，大把大把地往四面八方撒去，一边撒一边还反复高喊："丁财两旺，子孙满堂！"此时，主人在屋内扯一条被面，和女主人或儿子一起，接那些匠人抛下来的果品，将接来果品供在桌上。那些抛出被面之外的果品，则任由众人争抢，俗语叫"抢上梁馒头"。过去一些考究的人家，对那只为上梁挨过一刀的公鸡还好生饲养，死了也不准吃肉哩。等到梁上好，主人便招待亲戚、邻居以及前来帮忙的人吃"上梁酒"。"上梁酒"菜肴十分丰盛，一般均请专业厨师来掌勺，可媲美婚宴。

房屋上过梁并接着钉椽、盖瓦后，则宣告了一户人家新居的正式落成，接下去就是进行新居的内外墙粉饰了。待到以上工作基本告竣，此时又有一个习俗，那就是"打灶头"。打灶头可以说是新屋落成之后的头一件大事，因为开门七件事的"柴米油盐酱醋茶"全与灶头有关。打灶头是一样技术生活，技术好的师傅打出来的灶头不但烧柴省，而且烧得快。技术差的师傅打出来的灶头既费柴又烧起来慢。所以，打灶头必须聘请技术高超的专业泥水师傅来打，需付双倍的工资。灶头上端近烟囱处需留有灶神爷的小宫殿，以供安放灶神像及放置香烛供品。旧时，灶头打好后，打灶师傅还会在灶上各个部位分别用五彩颜料描上"五谷丰登""火烛小心""米中用水"等字样，有些考究的还描龙画凤，绘出各种图案，形成一种别致的"祭灶文化"。最有趣的是竖行写的"米中用水"四字，中间一竖直贯四字，到底后左出一钩，令人惊叹构思之奇。

说过了"造房子"，再来说说"讨娘子"

"讨娘子"就是境内所俗称的"讨老娘"，"老娘"和"娘子"在当地方言中指的都是"妻子"。也就是说，"讨娘子"，说的是"男大当婚，女大当嫁"的婚姻大事。这里特别值得一提的是"老娘"一词，在北方和南方的其他一些地区，"老娘"一词一般指的都是母亲，可在整个临平区的区域范围内，当地百姓都将妻子称作"老娘"。无论是自称"伲老娘出去了"，还是他人称"你老娘在吗?"，这里的"老娘"都是指妻子。为何把妻子称作"老娘"? 这里应该有一定的说法，但我用了十几年时间找乡间老人了解，却一直没有得到相关的答案。比较接近的答案是，这里把"婆婆"叫成"娘娘"，故"老婆"也就叫成了"老娘"。由于有着"讨娘子"一说，故在当地，姑娘新婚，便被称作"新娘子"，嫁给谁的，便是"某人啦新娘子"。在老底子，这"新娘子"的称呼有的甚至会伴随其终生，直到她老了，旁人还会以"某人啦新娘子"来称呼她。这种习俗在当地老年妇女中尤其多见。

在人生礼仪中，随着"讨娘子"而产生了一整套的婚俗。由于这些婚俗是伴随着婚礼所诞生的，因此要说"讨娘子"这个婚俗，必先来说说婚礼。据史料记载，我国最初的婚礼形式大约始于原始社会末期。从相传始于伏羲时代的订婚"以俪皮（成对的鹿皮）为礼"逐渐演进，到夏商时的"亲迎于堂"，再到周代所具备的完整"六礼"，已初步奠定了我国传统婚礼的基础。

在我国古代的婚礼中，茶是一样必不可少的礼品，称为"茶礼"，是婚礼中的一个重要的礼节，即以茶为礼。明代许次纾在《茶流考本》中说："茶不移本，植必生子。"我们的古人纷纷把茶看作一种洁物，认为"茶性最洁"，可以用来表示爱情的"冰清玉洁"。认为"茶不移本"，又可以用来展示爱情的"坚贞不移"。认为"茶树多籽"，则象征着成婚后子孙能"绵延繁盛"。茶树四季常青，那更是一种好的彩头，象征着一对新人成婚后家庭幸福，并寓意"永世常青"。针对茶树的这一些特性，古人便以茶为礼，并将"茶礼"广泛运用于当时的婚礼之中。"茶礼"，还成了男子向女子求婚的聘礼。旧时男子结婚，经媒人说合，对上八字后就要向女方下聘礼。在这聘礼中，"茶"是其中必不可少的一样，故连整个下聘礼的形式都被称作"下茶"或"定茶"。而女方受聘茶礼，则称作"受茶"或"吃茶"。这一过程之后，男女双方的婚姻即成为合法婚姻，相当于现在领了结婚证一样。在旧时，如果有女子接受了男方的聘礼，"吃茶"之后再去受聘他人，这种行为会被世人斥之为"吃两家茶"，同时也为世俗所不齿。故长期以来，在这一带的民间，有着一句"好女不吃两家茶"的老古话。也就是说，"一个女儿许两家"是世俗所不允许的。

但有趣的是，"吃两家茶"这句过去为贬义的说词，如今却随着时代的发展有了新的说法和新的含意，并成了当代婚俗中一个时常可见的现象。

时代是在发展的，随着1982年我国推行计划生育基本国策，到了本世纪初，"男大当婚、女大当嫁"的年轻人绝大部分都是独生子女了，他们的婚姻成了家中父母颇为头痛的问题。家中只有一个女儿的，做父母的当然舍不得女儿嫁出去。家中一塌刮之只有一个女儿，一旦嫁了出去，屋里厢仅剩下两个老人了，多冷清呀。于是，一个个瞪大了眼睛，想物色一个满意的小伙子招来当上门女婿。可你嫌冷清人家也同样会嫌冷清的，那些家中只有一个儿子的家庭，其父母当然不愿让儿子去人家屋里去当儿子呀。这里，除了嫌冷清外大概还有个要面子的心理，毕竟现在日子都好过了，谁愿意让儿子出门去当上门女婿呀。怎么办？如何来解决这一婚姻过程中所产生的新问题？于是乎，有的人家就只得招外地小伙子来做上门女婿。好在现在人口流动频繁，大量的新余杭人中间有着不少尚未娶亲的小伙子。但是，一来没有这么多外地的小伙子，二来那些外地的小伙子其父母愿意儿子做上门女婿的也不多。与"上有政策，下有对策"一样，出现了问题，总会有解决问题的办法，这也应着了一句老话"办法总比困难多"呀。呵呵，民间自有高人在，不知是谁在这传统的婚姻上展现了其变革的手段，发明了一种叫"两家并一家"的做法。这种"两家并一家"其具体内容是：婚姻双方在婚前事先约定，男女双方各在自己家中做一个新房，小两口两边住住，两边都有家。婚后生两子，一个跟父亲姓，一个跟母亲姓。这种新型的婚俗形式一出现，当即解决了不少父母为之头痛的问题，故人们纷纷仿效，使之成了一种新潮的婚俗，在我们这里颇为多见。对于这种新的婚俗，民间将它称之为"两家并一家"，又称"吃两家茶"。就这样，原先为世人所不齿的"吃两家茶"，如今却成了一种新的流行婚俗，从"好女不吃两家茶"，演变成"好女要吃两家茶"。这，也许就是时代变迁所带来的习俗演变吧。

在运河街道的亭趾、博陆、五杭一带的传统婚礼中，一直流行着这世代传承下来的"六礼"，只是民间的说法比那些书面语言来得更为直白。如"纳采"，在我们这一带说成是"做媒"。"问名"，我们这里叫"讨八字"，也叫"对八字"。"纳吉"，我们这里叫"定亲"，也叫"缠红"。"纳征"，我们叫"送彩礼"。"请期"，我们叫"通日"。"迎亲"，我们叫"娶亲"。

在旧时，这一代民间的婚姻基本上靠媒人的说合。旧时当地有职业的媒人，也有兼职的媒人，以兼职媒人为多，兼职的媒人大都抱着做好事的目的。过去，在我们这里有种说法，一个人一生当中至少应该做一次媒人。我们这里的媒人男女都有。男的,我们叫"媒人阿爹";女的,则叫作"媒人阿娘"。家中有子女到了"男大当婚,女大当嫁"的时候,家中的长辈就要去托人做媒了。解放后,做媒的说法还是存在,但更多的是说成了"做介绍"。旧时媒人说好媒后,会将姑娘的生辰八字讨来,并交给男方,让男方去"对八字"。"对八字"由专门的算命先生来做,主要看生肖和出生时辰是否相克。也有的人家懒得请算命先生,干脆把男女双方的八字摆在灶家菩萨旁。一连放三天后,如果这三天内家里平平安安,则说明双方八字相合。"对八字"也叫"合八字",这一习俗在这一带的农村流传甚久,一直到"文化大革命"中才废止,但之后又有所抬头。

八字合上后,接下去是要"缠红"了。"缠红"又叫"定亲",是指男方正式向女方提出求婚。"缠红"须事先选择好求亲的日子,由男方通过媒人预先通知女方,并征得女方同意。是日,男方必须备上一份彩礼,彩礼大致有如下一些东西:蜡烛炮仗一盘,猪头一盘,鸡一盘,米粉团子一盘(团子的尖头染红),礼洋一封(尾数必须逢六),衣服一套,男方家长具名的拜帖、媒帖、求亲帖各一个,礼单一份。备好的彩礼由媒人送往女方,女方如嫌少,则开出价码,由媒人往返两地增补。女方如对彩礼表示满意,旧时还需还帖四个:媒帖、亲翁帖、收礼谢拜帖和允结秦晋之好帖。除此之外,还需返回一定的礼品,返回的礼品是根据男方来礼而返回,鱼盘里还鱼尾,鸡盘内还鸡爪,猪头盘内还猪尾或猪爪。是日,男女双方各请至亲到自己家中吃酒,名为吃"定亲酒"。吃完了"定亲酒",纳聘就算全部结束,姑娘已可算作男方家的人了。自此之后每逢重大的节日,男方都得去女方家中"拜节"。

"六礼"中的"纳征",这一带民间叫作"送彩礼",这个环节自民国以来,都与"缠红"结合在一起了。再接下去就是"通日"了,"通日"又称"准日"。是由男方定下迎娶之日,媒人将写有迎娶之日的红纸封套,连同各式果子和现金送达女方中,定下迎娶的日子。送去的

结婚　　　　　　　　　　　　　　　　　　　　　　黄德灿　摄

现金含有请女方办嫁妆之意，尾数必须逢六。这个"通日"一般均要提前数月或半年，过去一般都是七、八月里去"通日"，然后到十二月里正式娶亲。通日后，男女双方都各自开始准备。随着喜期的来临，各自发请帖通知自己的亲友届时参加婚礼。同时，姑娘还要去女方亲戚家轮流做客，名曰"吃预嫁酒"，告别娘家亲人。

到了定下的日子，就要"娶亲"了。"娶亲"，俗称"讨老娘""讨新娘子"。男方在"娶亲"的前两天就开始忙，左邻右舍便开始来好日人家帮忙了。男方家长都不插手掌管，而是请一个同族近房中辈分最高年龄最大的男子，来行使主持人之职，称之为"族长阿爹"或"东河阿爹"。现在，大部分都由男方请一位信得过的亲朋做"总管"（即"主婚人"）。

结婚的前一日，男方派人去女方家里接嫁妆，同时送去开脸盘。开脸盘内备有胭脂花粉等物。这天晚上，男方要办一桌或数桌酒席，请媒人来吃晚饭，并邀请近房族人和主要的亲戚朋友来作陪，名为吃"起媒酒"。"起媒酒"一吃，标志着"娶亲"的礼仪将正式起动。

结婚之日，男方出门迎娶，由媒人、喜娘（当地称"他娘婆"。他，

"扶"的意思)、娘舅、姑夫、密友、同辈兄弟、小辈侄儿、乐队等组成一支长长的迎亲队伍,人数必须是偶数,由叔伯兄弟中年长者摇船,称为"摇船大伯"。旧时境内三乡一带还有专门供迎亲的船可以雇用,称"花船"。

媒人在迎娶时身带几十个红包,以应付女方要求。红包的种类名目众多,有开门包(给女方为迎亲人开大门者)、开水包(给女方冲开水者)、烧茶包(给烧茶者)、裁缝包(给为新娘做嫁衣的裁缝)、屠宰包(给屠工)、司工包(给厨师)、烧火包(给灶头烧火者)、开笼包(给管新娘箱笼者)、煞浪包(给阿舅)、肚痛包(给岳母)、千金包(给新娘)、捏手包(给新娘捏在手心)、喜娘包(给他娘婆)、谢媒包(给媒人)等等。有的女方会想出各种各样的名堂来要红包,男方如果没准备或准备不足的话,那媒人只得回家拿了再来,毫无通融余地。因此常有新娘子迟迟不肯上轿,迎亲人干等,以及男方亲朋好友们等着迎亲回来久等不来的情况。而迎亲队伍不回来,新人未拜堂,酒宴就无法开席。据说,最多者红包竟达七十二个。在这些林林总总的包中,其中给新娘的捏手包必须当场打开,女方要按男方包中的钱一比一放入,钱全归新娘所有。

按乡间的旧俗,迎亲人到女方家门口,由媒人先递进开门包。如女方开门者要求加钱或加喜糖、喜烟,叫做添喜,必须满足了要求后才开门请迎

结婚　　　　　　　　黄德灿　摄

娶者入内。然后女方上茶果，摆开酒席招待娶亲人员，并由女方长辈落座陪同。此席不久便撤席，男方起身交付完带来的鸡鸭鱼肉（第二天办回门酒用的），然后便催促新娘动身上轿。

新娘此时正由舅母、姑母或小姐妹陪同，躺在被里不起床，乡间俗称"赖轿"。男方喜娘就拿着男方做的新衣鞋袜（上面缀有红线），协同女方舅母帮新娘起床更衣。然后由新娘的哥嫂陪着洗脸，由嫂嫂用纱线为新娘"开脸"，卷去脸上的绒毛，以示将由闺女变成少妇。新娘上轿前，新娘要抱住母亲哭上一阵，以示恋娘家，俗称"哭嫁"。然后由娘舅或抱起或背起新娘，到堂前上轿，女家放炮仗四个，以送女儿出门。此时，前来娶亲的新郎的朋友和侄子辈，乘乱将女方的小茶杯藏起来带回男家，然后可持此小茶杯向新郎多要喜果子，乡间曾有"一只空碗一碗糖"之说。花轿抬上娶亲船后，新娘的长辈均在河边留步，只由新娘的娘舅、姑父、兄弟、姐妹等随船送亲。开船时，新娘的阿哥或兄弟，必须先在船头重重地蹬上几脚，谓之"煞浪"，取煞住浪头，一路平安之意。

新娘乘坐的船和轿，如在路上遇到同样迎亲的船和轿时，必须互抛

结婚   黄德灿 摄

糖果，以避喜气被冲。到了男家后，先发上嫁妆，由男方亲友搬运。唯有马桶（子孙桶）必须由阿舅拎至大门的门槛里，早已等候在那里的婆婆递给阿舅包，接过马桶径直前往新房放好。这马桶（子孙桶）里放有一个红包和喜果，由新郎的小侄儿或男方其他的小男孩拿走果子和红包，然后在里面撒上第一泡尿。

新娘如果是坐船来的，上岸时必须由男方的娘舅或者姑父抱着或背着进男家中堂坐下。从船上到男家的这段路，新娘的双脚不能落地，意思是"不是我自己送上门来的，而是你们隆重把我娶来的"。新娘如果是坐轿来的，则轿子直接抬入男家中堂。

接下去，便是举行拜堂仪式。这里的旧俗通行一拜天地、二拜高堂、夫妻对拜。仪式后，新郎用红绸将新娘牵入新房。这时在新郎新娘的脚下，有几个人用五只新麻袋交替铺垫，嘴里还不停地喊着"传代接代""传代接代"，使新郎新娘脚不落地，一直铺到新床前，小两口坐在床沿上。有的男方在新床上面放一只大匾，意思是将新媳妇压得匾匾服服。也有的新娘坐下去时悄悄地将新郎的衣角压在自己身下，意思是将丈夫压服。还有的旧俗是，新娘会偷偷地在就寝后将自己的鞋子压住新郎的鞋子，以示今后生活中要强势过于男人。

此时，新郎新娘喝交杯酒，旁边有人讲着"乐乐陶陶，夫妻和睦；乐乐陶陶，夫妻到老""早生贵子跳龙门。五代荣华乐无穷"等吉利话。交杯酒喝罢，新郎退出，由喜娘为新娘卸装。外面，喜宴开席。

席间，新郎新娘必须一起为宾朋倒酒递烟。先由婆婆带新媳妇向男方的长辈们一一敬酒，并介绍称谓。每介绍到一人，新媳妇根据婆婆介绍的称谓，甜甜地叫上一声。那被介绍到的长辈在新娘开口叫过后，须给新娘子一个红包，谓之"见面礼"（亦称"见仪"）。

解放后，实行了新婚姻法，这一带的婚俗与传统的婚俗有了很大的改变，特别是娶亲前的一些习俗，简便了很多。等到正式娶亲时，拜堂的礼仪逐年萎缩，到现在已很少有人家举行拜堂仪式了。大多数人家结

抬花轿   尤源海　画

婚时召集双方亲友光临办一场喜宴，甚至有不少人家到镇上的宾馆酒楼去办喜宴，并由婚庆公司操办婚礼仪式。不过，"马桶包""见面礼"那些习俗尚存，虽然现在都不用马桶了，但人们还是用痰盂来替代。

　　说到这里，又要来说说茶了。在旧时，每逢举行婚礼，茶是必不可少的。旧时还有专门负责敬茶的职业人员，称作"茶厢"，每逢家中要办喜事，就得请茶厢前来负责敬茶。这"茶厢"一般和鼓手及唱哼的司工配套，缺一不可。茶厢在婚礼中的主要任务，就是敬好三道茶。这三道茶，据记载：第一道为百果茶；第二道为莲子、枣子茶；第三道才是真正的茶——细芽茶。敬茶时还由主持仪式的司工来负责唱哼，一道茶唱一段，三道茶唱三段，十分隆重。这三道茶其实并不是真正为了喝茶，其实仅仅只是个仪式罢了。前两道只是象征性地喝一口，喝了一口后，杯子就让旁边的茶厢收去了。只有第三道细芽茶才是正式喝茶。

　　婚礼中喝茶的习俗至今还在流行，只是没有了过去"三道茶"那种程式，也没有了专职的茶厢和司工在旁边指挥。现在新郎去女方家娶新娘，女方家要招待喝茶和吃果点，称"坐茶"。新娘娶进门后，男方也要招待送亲的客人喝茶和吃果点，也叫"坐茶"。双方喝茶的规矩大都一样，没有过去的三道了，基本上都是两道。第一道上的是甜茶，有的是红枣莲心，有的是白木耳莲心，还有的干脆是白糖小圆子。说说是甜茶，其实只是一道小点心。这道甜茶象征性地喝上两口后，主人马上就会端上第二道茶即一杯绿茶，这时才开始真正喝茶。这种喝茶的习俗，估计就是从旧时婚礼上的"三道茶"演变而来的。

拜堂成亲后，新郎带着新娘捧着盛满香茶的茶盘，向父母"敬茶"，行拜见礼。父母象征性地喝一口茶，随即摸出早就准备好的红包放于茶盘上，给新娘子作"见面礼"。新娘见到长辈放上的红包要朝着长辈略一蹲身，以示道谢。新人入洞房前，新郎新娘还要共饮"合卺枕茶"，由新郎接过一旁早就准备好的一杯清茶，双手递给新娘。新娘喝过一口后，新郎再自己喝一口。这杯"合卺茶"喝过后，意味着这对新人已完成了人生大礼。

最后，再来说说"生儿子"

这里所说的"生儿子"，并非指的是字面上的生儿子，而是讲人生礼仪中一个人出生之后的初生儿习俗。在旧时，初生儿的习俗比较复杂，从孕妇踏月开始，便产生了一系列的习俗，其中包括了踏月、催生、接生、贺生、三朝、满月、做头趟（境内俗称"做头大"，即第一次去外婆家）、百日、周岁等等。

旧时，家中有妇人怀孕了，这孕妇即成为全家人的照顾对象。到了孕妇快生小孩的前一个月，民间称作"踏月"。老底子医疗条件差，生孩子风险很大，十里八乡没有一家医院，有的甚至连个诊所都没有，生孩子全靠传统的接生婆来帮忙。可这些接生婆并没有相关的卫生知识，她们接生全凭经验，一旦碰到难产，就会束手无策。所以，有很多妇人都是死在"生孩子"上。这"产妇生小人"也被民间认为是"一只脚踏进棺材里"的事。正因为"产妇生小人"非常危险，所以，每当孕妇进入"踏月",一般的人家对孕妇的照顾就到达顶点,家中的所有家务一般都不要孕妇做,她只要有个好身体来等待生孩子。在当地有这样一种说法,说孕妇踏月后必须多站立、多站站,到时候会快生快养,而老是坐着不动,则会有难产的危险。所以,家里有婆婆在的,到时往往会带着孕妇在家门口慢慢地走走。

孕妇"踏月"后,"催生"这道习俗也就开始了。"催生"是由孕妇的母亲择日亲自送礼物去女儿家,有催女儿快点好生了的说法,故名为"催生"。催生要带催生礼,催生礼一般为六样东西,其中必须有一只鸡,其他的则是蛋、面及补品等。一般还须有一个"接生包",包内备有新生儿衣物。催过生后如一个礼拜之后小人还没有出生,则流行再去催第二趟的习俗。去第二趟催生,还是要带上礼品,礼品的品种和第一次催生时差不多。到了女儿家,按过去的规矩,送去的东西不能放在桌子上和凳子上,而要放在地上,寓意"小孩落地"和"快生快养"。

旧时孕妇一般均在自己家里生孩子,要请个接生婆来帮忙,称之"接生"。这一带旧时有专业的接生婆和非专业的接生婆之分。专业的接生婆一年到头都做这件事,相对来说经验更足。而那些非专业的接生婆往往都是在专业的接生婆请不到时来帮帮忙的,相比那些专业的接生婆,她们由于接生得少,经验略显不足。但不管是专业的也好非专业的也好,民间的那些接生婆只会处理顺产,碰到孕妇难产,她们就毫无办法了。老底子接生,工具十分简单:一把剪刀、一块毛巾、一只脚盆。故旧时指一个人要从头来过,有"红脚盆里翻个身"之说,意思重新接生一次。孕妇快生产时家里人尽量不告诉其他人。当地民间认为,多一人晓得这孕妇要生产的消息,则会多拖一个时辰出生。孕妇要生产前,有条件的人家,先给产妇娘吃点桂圆之类补品,让她积点力气。要生小人时,老公坐在床上,双手夹牢产妇娘,产妇娘靠在老公身上。床边的地板(若是在楼下,有些人家在床前放有一只与床同长、约1尺半左右宽的"踏凳")上铺一层毛灰,上面放只豆筛子,豆筛上放件衣服。接生婆来时手拿一把剪刀。据说接生婆到了后会突然把剪刀往地上一掼，那响声吓得产妇娘"格登"一下，乡俗认为这样容易快生小人。旧时产房里讲究很多，除了产妇娘的丈夫外，其他的男人是不能进入的。婴儿出生后，接生婆要用剪刀将脐带剪断。但这把剪刀往往不是专门用来剪脐带的，而是临时拿了把剪刀来用用的。用这种未消过毒的剪刀来剪脐带，有时会使新生儿发生感染而死亡。凡是产妇的上一个男孩出生时因剪脐带发生感染而死亡的，之后到下一个孩子出生时，接生婆就不会用剪刀剪脐带了，而是让产妇的老公用牙齿夹着帐子将脐带咬断。这个脐带是用牙齿咬断的婴儿，日后就会取名为"咬脐"，以示与其他婴儿的区别。老底子叫"咬脐"的人不少，但为什么会取这么个奇怪的名字，知道的人却不是很多。我也是在前几年与崇贤名医劳建和先生闲聊时，他告诉我了这"咬脐"名字的来历。他还说，20世纪50年代时还有人叫"咬脐"，一直到60年代初，新式接生普及了，才没有"咬脐"一事，也没有新的"咬脐"名字产生了。仔细想想也是，我所认识的几个叫"咬脐"的老人，现在都是70岁左右了。

新生儿诞生的第三天，旧时是个大事，要对新生儿举行"三朝礼"。这三朝礼一是对脐带和囟门做些礼仪性的处理，俗称"落脐灸囟"。二是象征性地开奶和开荤。这一般都是家中的奶奶来做。有的阿婆娘初当奶奶，规矩道理不懂，则会请接生婆来做。那些接生婆做开奶和开荤时很有仪式感。她先抹几滴黄连汤在婴儿的嘴上，边抹还边念念有词地说："三朝吃得黄连苦，来日天天吃蜜糖。"然后再抹一些用肉、糕、鱼、糖等制成的汤水在婴儿的嘴唇上，有的还会边蘸边唱："吃了肉，长得胖；吃了糕，长得高……"三是要用汤水象征性地给婴儿洗个澡，叫"洗三朝"。旧时小孩"三朝"极为隆重，称要向土地菩萨报告小孩的降临，故"三朝"那天均要在家中请菩萨。

产妇生出孩子后，其娘家亲戚、夫家亲戚以及产妇娘的姐妹都要来送礼，称作"贺生"，在这一带民间，此俗称作"送产妇汤"或"端糖面"。"送汤"的礼品以挂面、红糖、鸡蛋、小孩衣料等为主，以祝贺小孩出生。现在此俗仍在流行，但一般都不再送礼品了，而是流行送一个红包。

小孩满月，考究的人家都办满月酒。办满月酒，亲戚要来送礼。礼物有红包、小孩服饰及一些金银饰物。满月酒前先给小孩剃头，称作"剃满月头"。这"剃满月头"要请剃头师傅来家里给小孩剃。旧俗剃满月头的孩子必须由舅舅抱在手里剃，剃好后主人还要封一个红包给剃头师傅。剃好后的婴儿头顶一般均在脑门处（或脑后）留一缕胎发，剃下来的胎发由婴儿的母亲用纸包起来放着，后来也有人拿去做成胎发笔，以示纪念。这留下的一缕头发甚至要保留多年，长长之后梳成辫子。等满月头剃好后，到中午时分，"满月酒"开席，新生儿由其母或其父抱出来与亲友们见面。此时亲友们一边讲吉利话，一边要给孩子封一个红纸包，俗称"长寿钱"。过去给孩子封的"长寿钱"不能是齐头整数，一定要冒一点零头。现在礼还在封，可是已不再冒零头了。满月酒后，办酒的主人家还需向亲戚邻居家一一分赠染红的鸡蛋。考究一点的人家还在红蛋上贴上金纸剪出的双喜字。

孩子出生满百日，乡间旧时称"百罗儿"，要办"百日酒"。百日酒有个汉字词语，称"百晬"，读音与乡间流传的"百罗儿"不一样，但意思一样，它是指小孩的长命百岁。旧时乡间对"百罗儿"比较重视，纷纷办"百日酒"，为新生儿讨彩头，长命百岁，一生平安。还流行做"百岁桃"，即一种用糯米粉做成的糕，放在家里供一下，然后分赠亲友和左邻右舍。

孩子出生后满一周岁，要办"周岁酒"。亲朋好友来贺，也会送来做工精致的"周岁鞋子"、童衣、童袜、围脖等礼品。办"周岁酒"时，大多要举行一个孩子"抓周"仪式。这个周岁酒和抓周仪式是诸多新生儿习俗中一个最重要的习俗。旧时的周岁酒开席前，先要举行"抓周"仪式，众亲友一起参与围观。"抓周"时，先在桌上放一大匾，匾中的四周放入各种物品，有文房四宝、胭脂花粉、宝剑大刀以及积木、算盘、钱币等物，然后把孩子放入大匾的中间，看他去抓什么物品。民间认为，"抓周"时孩子抓到什么物品，意味着他长大以后会干哪一行。如先抓到了钱，则说这个小孩将来会挣钞票；如抓到了毛笔，则说这个小孩将来读书一定很好，如此等等。现在，"周岁酒"习俗还在，但"抓周"之俗似乎已不太流行了。

"造房子""讨娘子"和"生儿子"这三大习俗涉及了"生活习俗"和"人生礼仪习俗"两大类别，一代一代地在运河街道一带的百姓中传承着。到目前为止，除了"造房子"这一习俗正在逐步被"买房子"所替代外，另外两大习俗还相当盛行。哪怕将来"买房子"完全替代了"造房子"，那么，这人生的三大事还是不会变，还会继续流传下去，只不过是"造房子"中的"造"字变成了一个"买"字，其核心的内容却没有发生根本上的变化。

人生礼仪俗也奇

一个人从出生到死亡，如果中途没有遇到什么意外，正常到老死的话，那他就会经历一些各种各样的人生礼仪。纵观这些伴随着一个人成长的礼仪，用书面语言来说，主要是由诞生礼、成年礼、婚礼、寿礼和葬礼这一些组成。这些礼仪伴随着一个人从出生到死亡，与人的一生密切相关，故这些礼仪又被称作"人生礼仪"。随着一个人年龄的逐年增加和不断变化，将会迎来人生中的一个个节点。而每到一个节点，乡间都会产生一些与之相对应的习俗，用这些习俗来度过人生的每一个节点。这些与人生礼仪相关的种种习俗，从民俗学的角度上，可归之于"礼仪习俗"。

这些与"人生礼仪"相关的习俗，因为与每一个人息息相关，贯穿着每一个人的整整一生，所以这是民间极为重视的习俗活动。这些习俗活动，不但牵涉个人，而且还牵涉家庭，甚至还会牵涉一些亲朋好友和左邻右舍，还包括居住在外地的亲戚。运河街道也同样如此，与其附近的其他乡镇街道一样，一个人从出生到去世，在每一个重要的节点上，都会有着相关的礼仪习俗在伴随。千百年来，乡民极为重视这些习俗，一代一代地延续着这种习俗。对于这五种习俗，相比较而言，境内要算婚礼和葬礼最为隆重，其次是诞生礼，再次是寿礼和成人礼。无论是社会变更还是朝代更迭，这些习俗历朝历代以来从来没有间断过，只是由于时代的不同，在形式上有所变化而已。

要说这人生礼仪，一般都是从孩子出生的"诞生礼"说起，到葬礼结束，也就是从出生说到死亡。但是，我们这本书并不是一本民俗类的专著，故分类相对灵活。我们根据民间的重视程度，已分别将"诞生礼"列入"养儿子"，将"婚礼"列入"讨娘子"，两者与"造房子"一起并列成人生三件大事，放在"人的一生三大事"一节中说过了。所以这两部分的内容就不再重复介绍。在这里，主要介绍与成人礼、寿礼及葬礼相关的一些习俗。

成人礼

"成人礼"又称"成年礼"，这是一种比较书面的说法，是标志着一个孩子长大成人的一种礼仪，举办过"成人礼"后，就表示你从此已是个成年人，不再是个孩子了，要开始承担你应尽的对社会、对家庭的义务。同时，举办过成人礼后，也标志着可以谈婚论嫁了。

"成人礼"产生很早，在我国古代时，"成人礼"是指男子的"冠礼"和女子的"笄礼"，这个传统从西周开始一直延续到明朝。那个时候，据相关资料记载，男子满 20 岁时要行"冠礼"，亦称"弱冠"（因体犹未壮，故称"弱"），即加冠。加冠后则表示其已成人，将被所在的族群和社会所承认，并可以娶妻生子。而女子的"成人礼"则要比男子早，女子是在满 15 岁后行"笄礼"，"及笄"之后方可嫁人。

可以说，"成年礼"是人生礼仪中一个极其重要的节点，也是一项说起人生礼仪所不得不谈的礼仪。但是，在境内这一带的乡间，似乎没有"成人礼"这种说法。对于一个孩子，在他长到十五六岁快要发育成人时，这一带乡间的说法是"要做大人了"。围绕着"要做大人了"，也产生了一些相应的习俗。这些相应的习俗，应该就是这一带的"成人礼"了。不过，据我们调查，在这一带似乎旧时吃得比较差，所以当家中的男孩子快"要做大人了"时，做母亲的一定会给孩子杀只鸡吃"补一补"。有些人家还会千方百计省点钱下来买上一支童子参给孩子补一补，称之为"拔拔力"。而旧时重男轻女，家中有女孩的，到了发育期似乎没有"补一补"之说。一般当女孩子过了十五六岁，家中父母就开始操心了，准备好孩子的生辰八字，托媒人寻找夫家。这，也许就是由重男轻女思想而产生的男女之间的不同吧。

最近这几年，社会上对传统文化越来越重视，一些优秀的传统礼节慢慢地得到恢复。这一些同样也反映到了民间的习俗之中。近几年来，有一些学校开始重视传统文化教育，他们纷纷推行"成年礼"，给孩子们举办集体仪式，恢复这传统的民族礼仪。

寿礼

"寿礼"，乡间又叫作"做寿"。伴随这"做寿"，又产生了"祝寿"和"拜寿"。"做寿"，指的都是小辈为老人庆祝生日时所举行的仪式。"祝寿"和"拜寿"虽说法不一，但都是和"做寿"紧密相连的一种民俗活动。"祝寿"是一项在我国民间历史悠久、流传甚广的礼仪活动。这在很多文学作品中都有所反映，比如在这一带众所周知的越剧《五女拜寿》，以五个女儿为父亲拜寿而引发出的故事，揭示贫富与孝没有关系。在民间，一个个拜寿、贺寿的故事，更是一代又一代地用"口耳相传"的方式在流传着。在运河街道一带流传的民间笑话故事中，就有着不少因"祝寿"产生的笑话故事，这也从一个侧面反映出"祝寿"习俗在这一带民间有着悠久的历史。

旧时，对寿礼十分重视，人们称之为"做寿"。在运河街道一带的乡间，做寿习俗是从五十岁开始的，并且要逢十才能做一次，而不是像过生日年年可过。这一带做寿，男人与女人不同，男人做的是虚岁，也就是说男人的五十寿辰是在49周岁时做的，到了59周岁则做六十大寿，69周岁时做七十大寿，以此类推，故此俗又称"做九不做十"。而女子做寿就不一样了，她们做的是周岁，六十大寿的寿礼要到60周岁才做，故又产生了一个叫法，叫"男做九，女做十"，又叫"男做虚，女做实"。旧时做寿还有一整套说法：五十岁为"起寿"；六十岁为"下寿"；七十、八十岁为"中寿"；百岁则称为"上寿"。乡间一旦有百岁老人做大寿，往往会兴师动众，热闹一时。若是家中经济条件好的，还会请上一个戏班子，演上几天几夜的大戏呢。

说到做寿，在乡间，一般来说50岁"起寿"时往往不兴师动众。男子逢"起寿"，如果丈母娘还健在的，往往由丈母娘给50岁的女婿发个红包，或送套衣服什么的，简单吃餐饭，就算完成。也有的是自己的母亲给起寿的儿子发个红包，或做套衣服。女子的"起寿"就更简单了，往往只是在自己家里吃碗生日面就算过去了。

到了60岁，虽说还是"下寿"，但毕竟六十轮回一个花甲了，所以从60岁开始，做寿的场面就有点大了。过去家中父母到60岁了，子女会给父母做寿，提前早早地就准备起来了。有的还遍邀亲朋前来贺寿，弄几个炮仗放放，寿酒摆上几桌，一时间热闹非凡。但是也有不少老人不愿意做寿，实因旧时多有迷信观念之故。乡间有种说法，人一到了60岁，阳寿就到了，阎罗王就要来抓你去了。但你如果不做寿，阎罗王有可能把你给忘了；你一做寿，炮仗一放，等于提醒了阎罗王。所以，旧时这一带乡间有不少老人60岁、70岁时都不愿意做寿，要到了80岁才做寿。他们认为，过了80岁做寿，阎罗王已经不会来抓了。当然，这种说法毫无科学依据。但是，在乡间就是有不少老人笃信不疑，直到现在，还是有不少老人信奉这种说法呢。

从80岁开始，那时的寿礼大多要大操大办了，有条件的还会请戏班子来村里演戏，与做寿的老人相关的亲朋好友，都会从四面八方赶来为老人贺寿。关于贺寿，我国民间有着不少拜寿的故事和传说，其中最为著名的要算是"八仙拜寿"了。八仙为了给王母娘娘去拜寿，在东海上空演绎了一场流传千年的"八仙过海"传说。故旧时做寿处处可看到与"八仙"相关的痕迹，人们在做寿期间总是喜欢挂些八仙贺寿图以及寿星图。甚至有些寿字干脆用八仙图案来组成，显得别具一格。做寿时还通行挂寿联、寿幛，如"福如东海，寿比南山"以及"福如东海长流水，寿比南山不老松"等等。此外，还有围绕做寿所产生的各种各样的书法、美术作品和各种礼品，更是层出不穷、不胜枚举。

民间在做寿时，均由子女出面为自己的长辈做寿，事先须向亲朋好友及老人在外地的小辈一一发出请帖，届时在家中布置寿堂。有钱人家的寿堂布置得相当考究，张挂寿幛、寿联，供奉寿桃、寿面、寿糕等物，还要点寿烛，以贺益寿延年。做寿时，做寿的老人身穿专门定制的寿服坐在太师椅上，那些考究点的，还专门请司仪来指挥。各人拜寿的顺序都有讲究，先是儿子、儿媳拜寿，从大到小；再是女儿、女婿拜寿，也是从大到小；接下去是孙子、外甥等小辈拜寿；然后才是其他的亲朋拜寿。前来贺寿的亲朋，还得献上事先早就准备好了的寿礼。拜寿时，前来拜寿的小辈都要说一些"长命百岁""寿比南山"之类的吉祥话。等到前来贺寿的人全都拜寿完毕，司仪就会宣布"鸣炮"。一时间，门口炮仗声此起彼落，震天动地。再接下去便是举行寿宴，大家一一入席，吃寿酒、寿面，将整个做寿的气氛烘托到最高潮。家庭经济条件好的，寿酒要摆上十几桌，请专门的厨师烧，与婚宴一样的排场。

过去一些经济条件差的相对较穷的人家，做寿时搞不起那样的排场，但"做寿"还是要做的。他们的"做寿"相对比较简单，并不兴师动众，只是做做样子，买几个炮仗放放，家中小辈们向老人磕个头，然后一家人一起坐下来吃寿面。吃寿面时还有种讲究，先用筷子将碗中的面条高高挑起，说一声"这寿面真长"，以示老人"寿"长，讨个吉利的好彩头。

现在经济条件好了，不少人都是逢生日必过的。每逢家中老人到了生日那天，小辈们都会争着在饭店里订上一桌酒宴为老人庆生，蛋糕也越买越大。当然，不是逢十的生日不叫做寿，而叫"过生日"。只有逢十了，才叫做寿。现在给老人贺寿、送寿礼的也不多见了，因为现在什么东西都有，平时都有得吃。所以，现在小辈给老人贺寿很简单，包个红包就解决问题了。不过，虽然现在的经济条件是越来越好了，但不知何故，现在的做寿越来越没有过去考究了。也许是现在生活节奏太快，而传统的贺寿都要几天派场，现代人时间上紧张，没有那么多时间去弄。所以现在给老人贺寿，仅仅是去饭店里摆几桌酒而已。而且到场的一般也只是家族中直系的亲属，而不会像过去那样遍邀亲朋好友。所以，现在的"寿礼"习俗虽然还在延续，但已经开始逐步淡化，与旧时不可同日而语。

这里应该附带说一说的，是与做寿相关的"过生日"习俗。当然，做寿也是过生日，只不过做寿是指老人过生日，而这里所说的"过生日"是指年轻人过生日。一般情况下，生日年年过。只不过有的人重视一些，有的人并不那么重视而已。旧时过生日，大多数人家经济条件差，一般也就是简简单单地吃一碗糖蛋（或是吃一碗面条）。在旧时五杭一带有这样的乡俗：说是生日这一天，爬到桑树上吃生豆腐，寓意这样过生日能身体强壮，即所称的"生斜（强壮之义）活斜"（土音"桑""生"同）。当然这只是小孩子听了妈妈的话才会这么做，一般大人是不会这么做的。

近几十年来，在年轻人中，"过生日"的风气愈演愈烈，这可能是受到了改革开放后外来文化输入的影响。在运河街道范围内的年轻人也乐此不疲。一些相应的生日礼品也有了一定的市场，生日蜡烛、生日贺卡、生日蛋糕生意红火。到了生日那天（一般是晚上），小搞搞即是自家人再邀请几个好友在自己家里烧一桌酒菜。大家各备生日礼物，围坐在一桌，点上生日蜡烛，同唱生日歌，祝福其人生日快乐。然后吹灭蜡烛，先分吃蛋糕，再开怀畅饮，觥筹交错，尽欢而散。也有的家人怕麻烦，就在餐馆订好一两桌酒席庆贺生日，其仪式与在家中过生日差不多。

与这寿礼相关的还有着一种特殊的习俗，那就是"六十六块生日肉"。

"六十六，要吃肉"是一句在运河街道一带广为流传的老古话。在旧时，这一带流行着一种习俗，父母到了66岁那年，出嫁的女儿要在父母生日前烧66块红烧肉，拿回家送给父母吃。如果家中没有女儿的，必须由侄女或者是外甥女去送。这一习俗在这一带由来已久，流传了一代又一代，而且是有出典、有讲法的。

相传，人到了66岁，寿数差不多了，阴间的阎罗王老是在翻生死簿，发现你到了66岁就会差小鬼前来索命，请你到阴间地狱去吃肉。故民间有"六十六，阎罗王叫你去吃肉"一说。正因为有了这一说，人们一旦年岁到了66那年，心里总是像悬着一块沉甸甸的石头，被压得透不过气来。

这一年，临平山北面的一个村坊里有个姓严的老头刚到66岁。一天晚上他做了一个梦，梦见他被地府里的小鬼用铁链套住头颈拖到了阎罗王的面前。阎罗王对他说："严老头，你今年66岁阳寿已到，该回地狱了。看你现在生日还没有到，你先回去，做好准备。到你生日那天，我再唤夜叉小鬼来叫你。我会在地府设宴款待，让你吃上66块肉。"严老头听了一吓，一个翻身从梦里惊醒过来。虽说是一个梦，但这一带是有"六十六，阎罗王叫你去吃肉"的说法呀，所以他心里忐忑不安，睡意全无，坐在床上一直等到天亮。

到了吃早饭的时候，他女儿严萝旺过来叫他吃早饭，见他神色不对，便问他有什么心事。那严老头便对女儿说了梦里的事。这下女儿急了，还有三天就是父亲的生日了，怎么办？这严萝旺很聪明，她对父亲说："爹呀，你千万别急，急要急坏身体的，我会给你想办法，管叫你平安无事呢。"她父亲摇摇头："你是一个凡人，怎么救得了我这一死呢？"女儿想了想说道："放心，办法有了。你给我取的名叫萝旺，我姓严，连姓带名叫起来跟'阎罗王'差不多，我这个'严萝旺'先请你吃上66块肉，他阎罗王就不会请你吃了呀……"严老头一听，感觉还真有点道理，于是便点了几下头，任由女儿去安排。

第二天，萝旺张罗了一番，上街买回了几副黄纸元宝和香烛、神纸马张；第三天一早又买了一块肉，切成66块，烧了一碗香喷喷的红烧肉。然后焚香烧纸，叫来父亲喝酒吃肉。那肉烧得真香，她父亲吃得美滋滋的，好像已忘了梦中之事。

再说，当天晚上，这严老头的生日到了，阎罗王果然派小鬼带了铁链来到严家。小鬼一进门，刚想用铁链去套严老头，突然一看不对，发现严老头的脸上已神采奕奕，消失了死象。再一查详细情况，更觉得奇怪了：阎罗王叫我们来抓严老头去吃肉，可这严老头已经吃过"严萝旺"的66块肉了呀。这是不是弄错了呀？于是，小鬼急忙奔回地府禀报阎罗王，说那严老头已吃过肉了……那阎罗王正好事也多，一听吃过66块肉了，也不细问，当即就说："哦，吃过啦，好的，吃过就好了。"就这样，这件事就搁了下来。严老头总算是逃过了这一劫。

说来也奇怪，严老头自从吃了女儿烧的这66块红烧肉后，再也不担心事了。他饭吃得下，觉睡得着，身体居然越来越健康，一直活到了99岁。

从此，这"六十六，要吃六十六块肉"的做法就在当地传开了。凡是家中父母到了66岁，做女儿的都学严萝旺的做法，烧66块红烧肉去给父母吃。久而久之，形成了一种特有的习俗。民间认为，吃过66块肉，阎王就查不出你的年龄了。因此，你也就会长寿了……

当然，传说毕竟是传说，是当不了真的。这只不过是做女儿的孝敬父母的一点心意罢了，寄托着女儿希望父母长寿的良好心愿。不过到了现在，此俗虽然还在，但都只有年纪大的人知道其中缘由，很多做女儿的已经不知道这一习俗了。不过，知不知道这个故事与烧肉孝敬父母关系并不是很大。虽然一般民众不知道这一故事，但"六十六，吃碗肉"的习俗还是在运河三乡一带广为流行。作为女儿家，每逢父母66岁，这满满的一大碗红烧肉（并不是66块，一般为10多块）是绝对不会忘记烧给父母吃的，而且还大多在正月的后半月里就送到父母家里了。

这里顺便再科普一下，66块肉并不是很大一块块的，只是象征性的，只要将一块肉切成66块就行了，对具体的大小是没有规定的。曾经有商家将一块红烧东坡肉切成66小块，并用精致的包装，做成了民俗产品……

丧礼

一个人在世上的轨迹无外乎从生到死，任何人都不可能例外。历朝历代有多少皇帝寻求长生不死的仙丹，但最后还是一个个都离开了人间。那么，生，是件大事，会有你的长辈为你办"诞生礼"；死也如此，同样也是件大事，会有你的子孙后辈为你办"丧礼"。

在这一带的乡间，"丧礼"俗称为"办丧事"或"白事"。"丧礼"虽然是等一个人过世了才办，但在旧时，丧礼的准备工作早在这个人尚还健在的时候就开始了。旧时，那些经济条件不错的人家，当一个人到达一定的年龄时，就开始考虑起后事，其主要的表现是开始准备"寿衣"和"寿材"。老底子棺材店里卖的棺材，材头上用金粉描上一个大大的"寿"字。这描有"寿"字的棺材就是人们提前买回去做"寿材"的。当年我的外公36岁生日时就置了"寿材"，一直放了40年才用上。所以老底子有人认为，"寿材"置得早，阳寿反而长。

旧时习俗，过了50岁"起寿"之后，便开始为自己准备死时穿的衣裳了，称之为"寿衣"。寿衣包括衬衣、包（帮、罩）衫、棉袄、棉裤、帽子、鞋子、袜子等一整套。并预先做好、漆好死后落葬用的棺材，停放在家，称之为"寿材"。而且预先造好坟茔，暂封墓门，以后可以启封推进棺材，称之为"寿圹"。这"寿衣""寿材"和"寿圹"，可以称之为"丧礼"的序曲。人们把这些东西的称谓前加一个"寿"字，意思是说提前准备反而会添寿的。所以，提前准备寿衣寿材，没有人会认为不吉利，相反还是当时一种流行的习俗，是条件较为殷实人家"未雨绸缪"之举。自20世纪70年代始，由于政府推行殡葬改革，全都实行火化，故寿材、寿圹之俗开始废止，因为即使准备好也用不着了。记得火化刚刚开始实行时，集上有些做好的寿材不能用了，还费尽心机卖到偏远乡村尚未实行火化的地方去呢。如今，寿材和寿圹之俗是没有了，但做寿衣习俗尚存。不过，随着人们平均年龄的增长，做寿衣的年龄也大大推迟了。也有不少人，等家中老人得病时才开始为他准备"寿衣"，谓之"冲喜"。说来也怪，还真的有老人在家人为他准备好寿衣后他的病竟然真的好起来了。

家中的长辈病重，到了弥留之际，每天从白天到晚上，子女和亲人都要轮流守在床边照料，统称之为"陪夜"。这时，即使是远在他乡的家人也要及早通知他尽量来家守候，以期见上最后一面，即俗称的"奔丧"。这一来已经是子女最后的尽孝机会，二来也是为了给老人送终。病人将要咽气时，由亲人为他作全身揩洗，然后换上事先早已准备好的寿衣。也有的人家，这"揩洗"和"换衣"请专门的"材夫"来做，因为这里面有"套路"，先后顺序不懂的人往往会搞错。现在"材夫"这个行当虽然没有了，但新兴了帮忙公司，那些帮忙公司大都提供类似旧时"材夫"的服务。换好衣服之后，全家大小全都叫到病人床前，让老人在临走前再看大家一眼，这就叫"送终"。并在老人还能讲话的情况下，让他嘱咐后事。老人快断气的时候给他穿衣很有讲究。有的穿得过于早了，穿好后又活了过来的也有发生。所以，当老人弥留之际，家人往往会去请一个对医学方面比较懂的人来看一下，看看病人是不是需要穿衣了。当老人正式断气后，亲人们这才开始大声嚎啕大哭，以示悲伤。并给死者烧些纸钱、锡箔，乡间称作"烧落地纸"，也叫"送盘缠"，意思是给死者到阴间去的路上用的。

人去世后要设灵堂来供亲友向死者告别，为此必须先将死者移至欲设的灵堂中，一般都在堂屋中，此俗称之为"转尸"，又叫"转床"。"转床"时一般均在堂中大门内搭一张板床，此块床板又称为"挺死（尸）板"或"尸床板"，将尸体按头南（前）脚北（后）仰放。死者嘴中含有红纸包裹的银子（大多在银饰品上剪下一小段），右手捏一块手帕。若是死者为传染病（旧时多痨病）而死，则需在脸上用一层丝绵盖住口鼻。并戴上一顶帽子，脚后点上七七四十九盏油灯，叫"树灯"。

此树灯系 49 只小盅子分别放在树形的架子上，盅子内有香油和点燃的棉芯。此灯不可熄灭，一般是女儿出资点的，有专人在旁看守并加油。据说此灯是为死者去阴间的一路上照亮用的。同时，在尸床前开始布置灵堂。"灵堂"也叫"孝堂""耗堂"。灵堂在"挺尸板"前挂一白幛，白幛外面正中悬挂死者遗像及挽联，下方放有供桌，供奉香烛、众牲（鱼、肉、鸡）、饭菜等（大多为亲友所敬奉），即时就开始吊唁了。现时也有丧家在门口贴一方白纸，上书"敬谢免吊"或"谢绝吊唁"，以示丧礼从简，但此举仅是个别的习俗而已，一般大多数丧家的吊唁活动还是按部就班地进行。

一般情况下，"转尸"完成后，丧家必须尽快通知亲属前来吊唁。旧时因信息不通，没有电话等通信工具，故必须由主人列出名单，分别委派人（一般为自族邻居）去亲友家中当面通知，此俗叫"报丧"（也称"报死"，甚至演变为一句骂人的话也叫"报死"）。由于对"死"字的忌讳，因此改称为"报活"。"报活"者到了亲友家门口不可以进门，只能在门外大声喊亲友的名字。等里面亲友应声出来后，当即告知某人去世的消息，并言明几时"上纸"（开吊）。亲友要给报活者吃一点糖糕"甜一甜"。然后，"报活"人转身就走。亲友一家就要为准备奠仪、祭品等事忙乎了。现在，对较远的亲友报丧大都采用电话了，但委派人"报丧"之俗还是在境内存在。

设好的灵堂内须有人守护，此俗称"守灵"。守灵一般由儿子、媳妇和女儿、女眷身穿丧服轮流守候，女子则分坐在挺尸板两边的椅子上，日夜不得脱人，灵堂门不能关。旧时，女眷们在此时大多要轮番登场，声泪俱下地当众大哭。特别是女儿，会哭得情真意切，非常伤心，并列数亡者的种种心酸往事（当然，有些人的"哭丧"也不乏做作成分）。旧时的"哭丧"是一门女人们需要努力学习的"必修课"。哭得有"水平"的女人，常得众女眷和乡间妇人们的称赞。女眷登场大哭时，往往有周边邻里的妇人们聚在一角静静地观摩学习（因每人都会面临这样的"大考"），并暗地里评头品足（现在，旧时丧家的这一幕"风光"已被哀乐队抢去了，因此丧家的女眷们也不用为此事揪心了）。每当有人来吊唁时，须由儿子陪拜，女儿媳妇跪在旁陪哭，吹鼓手们同时演奏哀乐。守灵者还须管住灵堂不能让猫走近尸床，不能让老鼠在尸床下窜过，旧说这种情况容易引起走尸。同时，还要管住脚后的树灯不让它熄灭。守灵时，还通行请一班和尚诵经、做法事，请道士来拜忏。有的还唱宝卷，敲敲打打，十分热闹。现在拜忏的还有，常见的大多是请两班人马，一班是老太太来念佛，另一班是乐队来吹打、演唱。这念佛的老太太和吹打的乐队，那些帮忙公司都会替你搞定，他们提供丧事一条龙服务。五杭杭南村尤家坝旧时为鼓手专业村，现已升级为乐队。

亲友们得知消息后，要赶来死者家中"吊唁"，"吊唁"时须送丧仪一份，用白纸包着，内中的钱必须是单数，并还得有一个单数的零头，如101元。外面写上"奠仪"和"×××敬挽"的字样。至亲除送丧仪外，还得送小被、香烛、纸钱、祭轴。所谓的"小被"，是红绸被面白夹里，内夹一层薄薄的棉花。轴是一个被面。上挂挽联，正中是一个"奠"字。吊唁人送来的奠仪交给主人，送来的祭品放置于灵前桌上，挽联等也分列灵前。"文化大革命"以后，吊唁时用花圈开始在境内流行。前来吊唁者须向死者的遗像敬香，香为三支，然后行跪拜大礼磕三个头，将香插进香炉。至亲吊唁时还得在死者旁边哭上一番。

做子女的还要为去世的长辈"戴孝"。子女为长辈戴孝向来有"披麻戴孝"之说。儿子、女儿和孙子均戴麻布帽，穿白布长衫，衣边和袖边缝麻，腰间束麻布条或麻绳，脚穿鞋帮上包着白布的布鞋。儿媳和孙媳也戴白布帽，穿白衫白裙白布鞋，其余的则颈围麻布辫和白布辫。在外做官的儿子也要回家丁忧，丁忧期间不准参加宴会，不准看戏，不准穿红，不准夫妻同房。新中国成立后，孝服开始简化，流行挂黑纱，子女只要颈挂麻布辫，脚穿白布鞋即可。其余的颈上挂白布（棉纱）条，一般的亲友只要臂佩黑纱就行。说起佩黑纱，也是有讲究，平辈和子女辈都是纯黑纱，孙子辈要在黑纱上别一小块红布，重孙辈则是佩红纱了。近年农村办丧事又开始讲究起来，孝服重新开始流行。但一时间不知道上哪里去借孝服，于是便有些贪图方便的，借用医院的白大褂来替代，令人啼笑皆非。

把死者抬出去安葬叫"出丧"（"出殡"），在出丧前首先要给死者"入殓"，乡间俗称"落材"。这一带人"落材"选择在三朝（三天）后，这三朝又有"宽三朝"和"紧三朝"之说。一般从死的那天算起，第三天凌晨落材，如死时是凌晨，则是宽三朝，有实足的三天时间。若死时是前半夜，则是紧三朝，因为说说是三朝，其实死在前半夜已经算一天了，只剩下两天时间了。入殓的时间一般均在五更头，亲友必须全都到场。入殓时，棺材抬到堂前，底部放一层石灰包，再铺一层木炭。然后垫上垫被，两头放元宝枕，供搁头搁脚。亡者落材时，一般都要大儿子捧头，力气较大的数个亲友分立两旁共同用力。子女和女眷们则呼叫着并嚎啕大哭，其状惨不忍睹。尸体落材后，尸身上按规矩和辈份依次盖上盖尸的小被，盖尸被由死者子女亲友等赠送。材夫在盖被时一边盖一边报着送被者的称谓姓名。所盖的被子必须是单数，如果成双数了，必须扯下一条，塞在死者身旁，最面上一条必须是孝子或孝孙的，俗称"子孙被"。盖完被后，有的人家还将死者身前喜欢的物品放进棺材。然后，众人手中各持燃香列队绕棺材环行顺走、倒走各三圈，与死者作最后告别，俗称"走材花"。然后熄灯，合上棺盖。再亮灯，将棺盖钉上竹钉，合口处封上纸条。至此，入殓就算完毕了。如今，通行火化，入殓仪式也简单化了，通常将尸体身上盖完盖尸被后，用上、中、下三道白布进行捆绑，不得打结。最近几年，一些地方又流行使用起了纸棺材。于是，入殓又照行老法。

"入殓"之后，即要"出殡"了。"出殡"在这一带俗称"出丧"。时间一般均选择在清晨，几乎是"入殓"之后立即就"出殡"了。"出殡"时，先由材夫将棺材抬到门外的空地上，材夫在门外将棺材捆扎停当，穿进棺材扛，前后各一杠。棺材上盖上棉被，被上面放一只碗。在缓慢的锣鼓声中，领头的材夫大喊一声"起"，四个人便同时抬起棺材，随即打破放在棺材上的碗，出丧的队伍就开始出发了。出丧的队伍顺序排列旧时也很有讲究，一人手执幡幛，在前面引路，手中挽着一只放锡箔黄纸的竹篮，一路上撒抛锡箔黄纸（境内多抛小蜡烛），此举说是给地藏王菩萨的买路钱。排在第二个的必定是孝子，如果儿子多的就是长子，全身披麻戴孝，双手捧木做的或纸做的牌位，旁边有一人给他撑伞，伞必须是黑色，无论天晴下雨均要撑。第三个是次子或女儿，捧一个小钵头，里面盛放大家用左手捡进去的饭菜，叫"宝盆"。这三人的后面才是棺材，嚎啕大哭的女儿、儿媳在两边扶着棺材随着材夫们行进，棺材后面则是亲友送丧的队伍，最后是吹吹打打的乐队。过桥时鸣放炮仗，孝子必须跪伏在桥的当中，棺材从孝子背上抬过，称作"背棺过桥"。中途材夫们要歇力时，孝子和次子要面对棺材跪着，直到材夫们把棺材重新抬起才能起来。到了坟地，寿圹和新挖的坑都要用柴草来烧过，再铺上一层木炭防潮，棺材放进坑里时有讲究，不能偏左，也不能偏右。棺材放好后必须在棺材上盖土，在盖第一铲土时，送丧的子女们必须大哭，并争着向圹中扑去，以示舍不得亲人。一旁的亲友和帮工上前拉扯，劝阻他们。待到泥土盖没棺材后，送丧者绕行新坟坑一周，朝着新坟拜三拜，然后送丧者便下山回家，坟墓由工匠和帮工建造。

以上所言旧时棺材出殡直接厝放入土坑筑坟之情况境内并不多见。而境内较多见的风俗是把棺材（下四角垫放石块）厝放在地上（不挖坑，棺材的四面不能正对着东西南北，需要偏转一定角度）后，再在棺材四周用砖块叠成有间孔的护墙，最后在棺材上面正中搁一支梁并钉上椽子，盖上瓦片（一些穷人家的棺材是最差的，放在地上后只在上面盖以稻草）。出殡送丧的人们祭拜后即回家。之后的清明节也在棺材前祭拜。一般待到"三年满"之期，再打开棺材清理骨殖，并把骨殖装入骨殖瓮，埋入土中筑坟（见后面叙说）。

再来说死者家中，等棺材出门后，家中留下来的帮工负责拆除灵堂，在估计送丧的队伍快要回来时，在门口燃一火堆，并在一边竖一部梯子，并在梯子上挂一面镜子。送丧人回来后，人人须从火堆上跨过才能进屋，喝一杯糖茶，分几片甜糕，再去爬爬竖着的梯子，照照悬挂在梯子上的镜子，至此，出殡（送丧）才告结束。现时流行火化，但旧俗仍在流行，而且是多了一道在殡仪馆里向遗体告别的仪式。告别仪式时，死者经殡仪馆工作人员整容，躺在花丛中，露出其面部，供亲友作最后瞻仰。亲友或死者原单位代表作悼词及简要的死者生平介绍，家属代表致答谢词，然后奏哀乐，亲友们围着死者转三圈，向死者作最后的告别。也有的丧家告别仪式时没有悼词、生平简介和答谢词，仅仅是送丧的亲友围着死者转三圈子作最后告别。

"出殡"后，按本地习俗丧事还不算完，还有个"做七"的习俗。所谓做七，就是以死者去世那天起开始计算，死后第一个七天称为"头七"，第二个七天称为"二七"，以此类推，一直到七七四十九天才称为"断七"。死者死后的每一个七天，乡间有做七的习俗，一直做到"五七"，考究的做到"七七"。头七、二七、三七、四七均为"小七"，一般只在家中设立的灵位前供奉些酒菜即可。五七为"大七"，是日，须用整桌酒菜供奉，近亲要拿羹饭来祭亡者。据说，这一天死者的亡魂已游到望乡台上，能看见自己的亲人。故此日亲人要全部到齐，在大门口搭起望乡台，摆好桌椅，椅旁撑一把伞，椅上披死者衣衫，全家人整夜守候亡灵上望乡台。凌晨时，死者亡魂附上望乡台，全家跪拜，哭声一片。事毕，将死者留下的物品及子孙佩戴的黑纱麻绳一并放在大门口烧掉。现在，一般人家"五七"做过即告丧事完毕。但在旧时，绝大多数人家要做到"七七"才算断七，"断七"那天还要做道场放焰口，好不热闹。凡是做"七七"的人家，亲友孝服黑纱要到"断七"那天才除。子孙旧时需守孝百日或周年，但现在，子孙们也在"断七"后除孝了，但是在做七期间，其子孙是不能理发的，要断七后才能理发。

长辈死后一百日为"百日",一周年为"周年",旧时均要举行相应的祭奠活动。这"百日"和"周年"的做法,其仪式大都与做"大七"相同。做过"周年"后,一般人家丧祭之礼便暂告一个段落。

一般农村的丧家在出殡后即会在家中正屋靠墙的桌子上放置一个"灵台"。"灵台"俗称"座头",内有牌位,上写"先考(妣)×××府君受食之灵位"。五杭玉露桥南旧有专做"座头"出售的工匠。有的丧家不用"座头",仅在墙上挂一条有"奠"字的被面或遗像。桌上每日午间供以饭菜,晚间点烛。按旧俗,这一做法须持续三年,直到"除灵"时方可撤去。不过现今人们太忙,大多从简,到七七四十九天就撤去了。

逝者三周年之期,在境内旧称为"除灵",亦称"三年满",也是比较隆重的。这一天,丧家要邀集至亲,主要工作是要把厝放在地上的棺材拆去外面的瓦片、护墙,并邀请材工打开棺材盖清理亡者骨殖,把所有的骨殖放入骨殖甏中去。骨殖甏正面刻好一个"正"字,骷髅头一定要正对这个"正"字放准。骨殖放好后,上盖钵头并在中间糊上纸筋石灰固定。之后,再把骨殖甏安葬到事先准备好的坟茔中去,刻有"正"字的一面必须正对坟茔的正前方。然后即是堆土筑坟,立好坟碑(大多数不立坟碑)。同时,家中若还设有灵台的,也在这一天撤去烧毁。随着这一系列活动的过程,亲人们戴孝哭拜,焚香烛、纸锭、元宝祭奠,自不必细说。待到筑坟祭拜事毕,亲人们脱去孝服,妇女们即露出原先穿在里面的红衣服一起回家。

之后,一般人家每年在逝者亡日在家设祭(俗称"拜阿太拉")。逢年过节,都不忘祭奠列代祖宗,清明期间一起扫墓(俗称"上坟")。也有着不少人家,流行做三周年、十周年,请和尚道士来做法事。

"文化大革命"十年,丧事从简,念佛、卖纸锭元宝、拜太太、"做法事"等一律被禁绝,称为"封建迷信"。之后渐渐恢复正常的悼念和祭拜活动,但甚者亦有大办丧礼愈演愈烈之风气。

辛辛苦苦做田庄

人活在世上的过程叫作"生存"。而人要在这个世界上生存下去，那就离不开"生产"。"生产"，是人们通过劳动创造物质财富的活动和过程，也是人们生存所必需的一种手段。人们为了生存，必须通过"生产"来创造生存所需要的各类物质和财富，利用"生产"带来的收获来换取日常生活的各种必需品，从而保证你能生存下去或者说生活得更好。所以，生产、生存和生活，三者之间是有着密不可分的关系。

在我们运河街道这一带，笼统地将一切"生产"行为都叫成"做生活（音'务'）"。人们常说，人是靠做做吃吃的，这"做"就是"做生活"。那么什么是"生活"呢？我理解就是为了生存而产生的各种活动。在人们各种各样的"做生活"中，也产生了各种各样的习俗。

运河街道一带，过去主要是农村，这一带的"生活"除了极少部分手工业生产外，绝大部分的乡民都是在从事农业生产和渔业生产，尤以农业生产为多。在旧时的境内，农业生产中的蚕桑生产是个大项。这里又是丝绸之府中湖丝的主要出产地，蚕丝业十分发达，由此所产生的习俗也相当丰富多彩，为此前面已设专章予以介绍。境内的渔业生产也很有特色，星罗密布的水网将各地的渔民吸引到这里定居，尤其是博陆集市西端南园村一带渐渐地集聚了相当数量的专业渔民。解放后还特地将这些渔民组织起来，成立了一个"博陆水产大队"。为此，渔业习俗也另设专章。除此以外，其他一些与生产相关的习俗，在此一并介绍。

水稻生产习俗

　　旧时，运河街道这一带的土地大都是水田。旱地也有一些，但不多，主要是一些塘埂地和桑树地。乡民们的农业生产以种植水稻为主，主要是早、晚两季水稻（其中早稻仅在 20 世纪 50 至 80 年代种植），加上冬春季的小麦和油菜。除此之外，还利用边角地、零块地种植些蚕豆和黄豆。这里旧时还种植一些经济作物，主要是络麻和甘蔗。因此，这一带也被称作"稻麻产区"，但与当时同属一个区的翁梅、乔司、星桥相比，这里水稻的比重相对是重点，要比上面提及的三个地方多；而络麻的比重却比上述三地要少。20 世纪的 50 年代起至 90 年代中期，这里是白麻（俗称"精洗麻"）的主产区。改革开放后，工业、商业发展迅速，农业生产所占比重下降，甘蔗种植面积大大减少，而络麻生产已于 20 世纪 90 年代末基本绝迹。

　　老底子的人们讲究"做做吃吃"，而农民的这个"做"就是与土地打交道，用在土地上年复一年地劳作，来换取基本生存最需要的"吃"。

插秧　　　　　　　　　　　　　　　　　　　　　　　　尤源海　画

故这一带的乡民，在千百年来的务农生涯中，养成了一种传统的土地信仰，普遍对土地菩萨十分崇拜。他们将田公地母、当坊土地、家堂土地统称之为"土地菩萨"，信奉着"敬老有福，敬土有谷"的俗语。以往，乡民们对土地菩萨的敬拜，要远远胜过财神菩萨。由于是从"土中拨食"，故乡民们家中稍有些钱财便纷纷买田置地，称为"置产业"。他们将土地视作生存的根本，最大的财富，同时也是"发家"的最大标志。拥有一定数量的土地，能传给子孙后代，能保障子孙的衣食无愁。

在田地中作业，讲究节令，有道是"人误地一时，地误人一年"。在长期的劳作中，人们积累了丰富的经验，对于什么时节种什么，流传着众多的谚语，这些前人流传下来的老古话指导着一代又一代人的农业生产。每年清明时分，是水稻落种的时候，有农谚"清明落种，不用问爹娘"为证。落种前，选择优良稻种是"下谷种"的第一关。农谚云："种子年年选，产量节节高。"谷种选得好，才能使秧长得好，而秧好则是稻好的最根本的前题条件。选好了谷种，接下去就是"做秧田"（俗称"做秧板"），乡间有"好酒好菜待女婿，好粪好料上秧田"之俗谚，可见对秧田是十分看重的。秧田一般均做成长条形，四边留有水沟。做好秧田上好肥料就等着"下谷种"（下，当地土音 wò。"下谷称"也叫"落种谷"）了。"下谷种"则是把谷种撒在事先平整好的秧田里，让它成长为秧苗。按过去的旧俗，下谷种一般全都放在下午进行，据说是上午下的谷种容易发抛，下的谷子会浮起来，出的秧容易出毛病，所以大家都喜欢在下半日"下谷种"。"下谷种"时，去"下谷种"的人必须自己先饱饱地吃上一顿。乡间有种说法，认为"只有肚皮吃得饱，才能谷子下得匀"。

谷种下好之后，谷种是平撒在秧畈的土面上的。在刚下好谷种的那几天，由于谷种尚未发芽，麻雀看见后会来吃谷种。为了不让麻雀吃谷种，乡民们最早是采取在秧田四周赶麻雀的做法。可是，人总不可能整天呆在秧田边上，还有其他事等着做呀。于是，人们动足了脑筋，用稻草扎成一些"稻草人",插在秧田的四周,用来惊吓麻雀。这些稻草人系用稻草捆扎成人形,再绑在一根竹竿的上部。考究的人家还给它戴上一顶破草帽,给它穿上一件破衣裳,远远望去,与真人一样。秧田边的"稻草人",风一吹索索抖动,鸟类还以为是人在守护,吓得不敢飞来秧田了,从而起到了惊吓鸟类的作用。

秧苗长成之后,要把它移栽到大田里。移栽的过程有两个步骤,一是拔秧,二是插秧。旧时把第一次去秧田拔秧的那天,俗称是"开秧门"。"开秧门"在过去来说是件大事情,必须事先拣好日子。旧时有"二八不开秧门"之说,也就是农历逢二逢八的日子不能去开秧门。此事有什么出典?一时间查考不到,村中的老人们也说不清楚,大概"二"和"八"不是什么黄道吉日吧。过去在"开秧门"那天早上,主人先要在灶神前上香,请灶神保佑今年五谷丰登。还要点上一对蜡烛,到秧田的四周烧一烧,拜两下,叩求田公地母保佑。拔秧前在秧田四角插上桃条,说是秧苗移栽后会少病虫害。开拔时还要将秧沟里的水泼到秧苗上,意思是使稻苗长青长旺盛。插秧结束这天民间称"关秧门",种田人要将剩下来的秧苗带几把回来,回到家后,用力将那些秧苗甩到自家的屋顶头上。这个做法的意思是告诉天上菩萨,让他知道我们的田已经种好了,并祈求他从今天起要开始保佑风调雨顺,使我们五谷丰登。

稻田中插好秧后,接下去就是日常管理了。在水稻的日常管理期间,水是极其重要的一个环节。水稻称之为"水稻",就是因为它是离不开水的,要使水稻顺利成长必须保证稻田里有充足的水。旧时没有机埠和水泵,每逢干旱,乡农们就抬来家中的龙骨水车,将附近河流中的水引来田里浇灌水稻,称作"车水",从而保证稻田中始终不缺水。

"车水"所用的那水车,是用木头所制,是人们用来战胜干旱的一种主要工具,也是古代劳动人民聪明智慧的结晶。那水车实际上是一条长长的木制水槽,内以一长溜类似小抽斗一样能活动的"辐板"组成,

车水抗旱   尤源海　画

顶部是一根木轴。整部水车，像一段龙的身子，故乡民们称之为"龙骨水车"。旧时的水车上往往还会写有一副对联：上联是："深山老木化成龙"，下联为："运到河边水渠通"。需要车水时，人们把水车的下端放在河里，上端紧靠地头。水车上端的两旁地头打上两根柱子用来作支撑，两根柱子中间还捆绑有一根横木。车水时，车水的人将上半身靠在横木上，用自己的双脚去踏水车中那根木轴上的横档（形似木槌，固定在木轴上），从而蹬动木轴旋转，那木轴旋转后又带动了那一长溜一块块水车里的"辐板"，将河中的水一匣一匣地带到岸上，顺着人们事先挖好的水沟，缓缓地流到田里。

"车水"是一项十分繁重的农活。由于每一步都是重复着上一个动作，因而显得十分单调，真是吃力又枯燥。车水时一般三人或四人同时操作，车一阵子就需要换人再车。过去没有钟表，车多少时间换人就采用一种"数水"的方式来计时。"数水"用唱的方式进行，以"9"计数，用一种当地流行的民间小调的调头，将数字唱出来。有时为自己家

秧田摇水图　　　　　　　　　　　　　　　尤源海　画

中车水，没人来换，为了解乏，往往也唱一些小调，借以来消磨时间和解解乏气。这些小调有的是现成的民间山歌或戏文唱腔，有的是信手拈来的即兴号子，还有的是见什么唱什么。如路上有行人走过，就现编现唱。这些民间小调，虽然是随便唱唱，但能使人分散注意力，忘记疲乏，所以流传得很广，形成了一种当地农家特有的"车水号子"，也叫"车水谣"。用现在的话来说，这还是一项非物质文化遗产呢。

除了上面所说的大水车外，旧时乡间还有一种手摇的小水车。这种小水车比脚踏大水车的体积要小一半，同样都是木结构，上下轴都是固定在车壳上，有木耳朵可拆卸。小水车使用方便，一个人都可以背在肩上去田间车水。操作时是用手摇的，车壳的宽度与人的双肩一样阔，手摇起来不吃力。但有一个弊端，就是比较适合身高马大的人操作，矮小的人手摇时下巴一个不小心会碰到车链的辐板上，刮牢一记，非常难受。小水车一般都用于秧田灌水，干小鱼塘和摇坞兜水用，或者是把水从较低的田圈子驳到高田上去，都用这种手摇的小水车。由于它实用性

打稻 尤源海 画

更强，操作时又只需要一个人，故几乎家家户户都有一部。有了这大、小的水车，只要不是特别干旱的日子，只要是河里还有水，乡民们就不怕旱情。当然，为了战胜旱情，付出的辛苦只有他们自己知道了。旧时的博陆、五杭等乡镇都有专业车匠店。

旧时，在这一带老百姓种的多是单季稻，稻谷丰收之后要去从田里将稻谷收割回来，收割稻谷的工具在这一带使用的都是镰刀（俗称"秸子"，与外地所用的刀刃带齿的镰刀不同），故开始收割这一天，旧俗称之为"开镰"。

老底子乡民们对"开镰"非常重视，"开镰"前家中女主人事先早就准备好了酒菜，然后由男主人出面，在家中先请"五谷神"前来"就餐"。请过了"五谷神"之后，方可下田去开镰收割。收割时，将割下来的稻穗一堆一堆整齐地放在身后的田里，左右交叉摆放（俗称"马堆"），以便利脱粒的人取用。一般的人家大多先把稻子全都割完之后再来进行脱粒。也有些人手多的人家或雇工种田的人家，会分出两拨人马，一拨人马在前面收割，另一拨人马在后面脱粒。

旧时，稻谷的脱粒均用稻桶。稻桶是一只木制的方桶，呈正方形，边长 4 尺左右，高 1 尺许，桶底有两根横档以加固桶身及便于在田中以绳拖行或推行。打稻时，稻桶三面皆围以麻布，使稻谷不致外溅；同时在稻桶内斜铺一块竹栅栏以利脱粒。打稻时，农夫手捏稻把站在稻桶不围麻布的一边，用力举起稻把在竹栅栏上反复掼打，使之脱粒，故将脱粒称之为"掼稻"。由于脱粒不易，故农谚有"多掼掼，割稻饭"，"多抖抖，割稻酒"之说，讲究多掼多抖，从而达到将稻穗上的稻谷脱尽的目的。脱完粒后，将稻谷盛入箩筐（本地大多用一种竹制的"脚箩"）或麻袋中，一担担地挑到船中，再用船将稻谷运回家。旧时，也有农户将割下的稻谷直接用船运回家，然后在家里脱粒。

运回家的稻谷，还需要晒干后才能储藏。过去没有晒谷场，稻谷都是摊晒在养蚕用的大匾里晒干。大匾还不能直接放在地上，因为有鸡鸭会来偷吃。一般农家会在两只高凳上并排放上两根长竹竿，再在竹竿上

风箱   尤源海　画

紧挨着放一排大匾晒谷。谷子在太阳底下反复暴晒，直至晒干，其时要常用推谷耙反复翻动匾内的谷子以使均匀晒干。晒干后的谷子还需要进行"风谷"，即用一种木制"风车"，用手摇动风车，通过扇出的风来扬净谷子中的瘪谷和杂物。扬净后的谷子才可收存在谷囤（或麻袋）里。在20世纪60年代末人民公社化时，集体陆续开始浇筑水泥晒谷场，收获的稻谷即摊在晒谷场上晒。实行了承包责任制分田到户后，村民们又在自己家门口浇制一小块"道地"，用来晒谷。

到了冬天，农活闲了下来，便要考虑肥田了。老古话："人养地，地养人。"你好好地待好土地，土地也像有感应一样，是会有回报的。对于肥田，旧时乡间有"人要补桂圆荔枝，地要补河泥草籽"的说法。所以，每到冬天的农闲季节，乡间便有一种捻河泥肥田的习俗。河中的烂泥很肥，放在田里肥田，能对明年的庄稼起到良好的作用。据说，用河泥肥田效果很明显，在农村，有着"百担河泥一担米"之说。

捻河泥是个体力活，过去是壮劳力才做。捻河泥时，先将船撑到河中，再用一个竹制的捻夹。捻夹上面是两根细长的竹竿，下面是一只网状的夹子，整个捻夹就像是一只嘴巴一样有两片大嘴唇的大夹子。捻河泥时，操作者将捻夹撑入河底，双手各握一根竹竿，使劲上下活动，张开捻夹并在河底推进，将河中的烂泥"吃"进夹中。待捻夹"吃饱"河泥后，再将捻杆合并，使下面的捻夹合拢，再用力拖上船来并张开捻夹，夹中捻上来的河泥即一并落入船中。这样反复操作，一船泥捻满后，便将船撑到河岸边事先挖好的缺口处，将船中的河泥用长柄"千步"一下一下地舀上岸来。这舀上岸来的活也得分几步，每一步都有一人接力，从下面的河泥坑中把河泥舀到上面的河泥坑中，这一农活俗称"搬条"。一直把河泥舀到最上面的坑中后，才让人用料子舀入粪桶，挑到需要的地方去。这挑河泥又是一个非常吃力的活。因为河泥比水重得多，一担河泥将近150斤左右吧。现在，各种肥料多了，肥田大都采用化肥，捻河泥的习俗已经绝迹。

新中国成立后，农业生产开始组织起来，从初级社、高级社，再到人民公社，农业生产的一些工具也逐步开始实现半机械化、机械化。改革开放后，实行承包责任制，土地重新分到个人，粮食生产面积逐步减少。目前的运河街道，工业生产和新型农业飞速发展，传统农业逐渐萎缩，仅有少量土地还在种粮食。

络麻生产习俗

老底子，运河街道一带，还是络麻生产的主要产区。

络麻，旧时在境内也叫"黄麻"。1939年临平、乔司一带引进红麻，在当地与黄麻一起统称络麻。络麻是一种一年生的草本韧皮纤维植物，其经精洗后的纤维白而有光泽，且吸湿性好，散水快，故它的用途十分广泛，是制作麻袋、麻布、麻绳的主要原料，未经精洗的生麻是造纸的优质原料。因此，络麻也就成了我国农业生产中一种较为常见的大宗的经济作物。

余杭络麻种植历史比较悠久，据《余杭县志》记载，已有600余年的种麻历史，过去一直是全国闻名的重点产麻县，其主要产地集中在现在的乔司、星桥、南苑、运河和临平一带。据资料记载，1949年，全县（当时是杭县）种麻3.89万亩，总产5260吨。1952年全县（还是指杭县）种麻11.94万亩，总产23180吨，亩产194公斤。1985年余杭县络麻种植为7.96万亩，总产32655吨，亩产410.5公斤。到了20世纪90年代初，络麻生产随着麻纺工业的滑坡而减少了种植面积。1993年后，虽然还有零星的络麻种植，但像过去那样成片的络麻地却再也看不到了。运河街道的络麻生产，也和全县其他麻区的情况差不多，在20世纪90年代后，基本上不再种植络麻了。现在的年轻人，甚至连什么是络麻估计也不知道了。

络麻品种很多，大约有40个品种，但其中有经济栽培价值的却不是很多。在我们余杭东部运河水乡一带的麻区，所种植的络麻仅仅只有两个品种。其中一种学名为"圆果（籽为圆荚）黄麻"，由于它的原产地是印度和孟加拉国，故麻农们都称它为"印度络麻"（即"红麻"）。"印度络麻"由于生长时杆子上一节一节地有些小刺，故麻农们也称它为"节头子络麻"。另一种学名是"长果（籽为长荚）黄麻"，由于它原产地是在中国广东，所以麻农们称它为"广东络麻"（即"黄麻"，俗称"豆腐卤斯"）。

在长期的络麻生产中，经过几百年的延续，麻农们形成了一套完整的生产习俗，一代一代地流传了下来。

络麻生产首先是"播种"。络麻的播种日期是在公历每年的 4 月 25 日左右。那时候，地里的小麦将要成熟了，络麻的种子就播在麦田中，播在一行行麦子的垅里，进行套种。等到麦子收割后，播下去的络麻种子已长出络麻苗来了。所以等割掉了小麦，就俨然成为一片络麻田了。

由于络麻种子播的时候地上还有小麦，故往往会播得有疏有密，故等络麻苗长到一定高度的时候，需要进行删株或补种，这个过程，俗称"定苗"。"定苗"时，把生长得太密集的络麻苗删掉一些，以利于络麻的生长；把生长的太稀疏的地方补种几株。一般的络麻地上，"定苗"往往需要两次，在第二次"定苗"时，要给络麻上泥，重新做垅，并给络麻上肥。络麻刚长出来时，伴随着许多杂草。于是经常需去络麻地里给络麻锄草，锄草的工具是一把小刮子，用刮子刮掉杂草（俗称"削草"）。与络麻苗夹在一起的杂草则需要细心地用手拔除。

络麻生长到一定的时候，会出现一些络麻长得长短不一，这时需要把一些长得实在太短的络麻拔掉，使整片络麻生长得大体差不多长短。这个生长得较短小的络麻，麻农们称之为"笨头络麻"。这个拔掉短络麻的过程，也就俗称为"拔笨头络麻"了。拔"笨头络麻"一般均在 8 月 15 日左右开始。此时的络麻长得约有一人高了，拔掉长不高的笨头络麻，是为了让所有的络麻长得更高、更粗、更均匀。拔笨头络麻和"定苗"一样，一般也需先后进行两次。

络麻收获时，要将麻皮从麻秆上剥下来，故收获络麻的过程，百姓俗称"剥络麻"。这"剥络麻"其中包含着"拔络麻""夹络麻"和"剥络麻"三个过程。由于这三个过程互相关联，又同时进行，故统称为"剥络麻"。

"剥络麻"是陆续开始的，最早的从公历 9 月 25 日左右就开始了。每年几乎都是这个日子，差不了一两天。而大批的开剥，一般是 10 月 1 日之后。由于络麻的种植面积比较大，再加上剥络麻的过程非常麻烦，所以每年这个剥络麻的时间长达一个月左右甚至更久。整个络麻的成长期才 5 个月，可收获却要占一个多月。而这一个多月的收获过程真是又苦又累，累得实在让人受不了。故在当地有着"双抢出个名，络麻剥煞人"之说。双抢，指的是解放后推行双季稻后的夏收夏种。这时（7 月下旬到 8 月 7 日立秋，近半个月时间），大片的早稻要收回来，晚稻要种下去，季节紧，任务重。双抢时虽然也很累，但毕竟时间比较短，熬一熬就过去了。而剥络麻的日子却长达一个多月，实在累人。若是亲朋好友难得去帮着剥一天络麻，之后几天浑身骨头都酸痛。若是一般姑娘的嫩手，根本吃不消剥。凡长期剥络麻的人多会磨出一手老茧，手上皮肤粗糙蜡黄，多见豁口，需贴上"橡皮胶"才能维持。过去水稻产区的姑娘一般都不愿意嫁到麻区去，认为那里"剥络麻"实在是太苦了。

剥络麻时先将络麻从地上拔起来，然后用麻夹筒夹过，再拿来剥。这拔、夹、剥三道工序在集体生产队时大多同时进行，有的人拔，有的人夹，有的人就专门剥，像是流水线作业。一般都是男人们拔麻，即使是手掌老茧石厚的人，几天下来也会拔起泡。

络麻拔起来后，必须先夹过后才可以剥，夹络麻时使用一个工具，很简单，两根细竹竿，一头捆住，俗称"麻夹筒"。操作时，一人手持麻夹筒将络麻放在两根细竹竿之中，用手紧紧捏住未捆的一头；另一个人拉住络麻根端，用力把它"唰——"地一下从麻夹筒中拉出去。这样夹过，络麻身上的皮就会开裂，叶全掉光，与麻秆部分脱壳，这样下一道工序剥起来就方便多了。夹过的络麻就可以开始剥了，剥络麻的人腰系一件围身，拿一张长条凳在麻地上一放，坐在凳子上就开始剥络麻。这凳子虽然称"麻凳"，但并非专用，一般都选家中差一点的长凳（境内一般叫"吃饭凳"或"大凳"），拿出来充当麻凳。剥时将夹好的络麻斜依在凳上，随手抓住一根横放在身上，在中间一下折断，然后用拇指食指和中指，将麻皮和麻秆剥脱离，双手往两边拉开。先剥向麻梢头，然后剥向麻蒲头。麻蒲头比较难剥，需把它撬紧在凳头上用力一拉，就将整张络麻的皮全从秆上剥下来了。剥下来的麻有时还要经过铲蒲头，以铲去络麻根部的毛根、泥杂质，然后将剥下来的麻一绞绞地绞起来，一般30根络麻为一绞，那些细一点的络麻，则要40余根一绞。

　　"剥络麻"时只有"夹络麻"是需要两个人做对手的，夹麻工具一般都是两根细竹棒，后来也有地方改用两根铁管子。整个"剥络麻"的工序中，剥麻这道工序相对劳动量轻点，往往由女劳力和那些力气小一些的人来做，慢一点也不要紧。他们坐在麻凳上剥，在"嗖嗖嗖"的剥麻声里，剥成后放在凳头上的麻皮慢慢就成了堆，然后几十根络麻扎在

剥络麻　　　　　　　　　　　　　　　　　　　　尤源海　画

一起，放在阳光处晒，晒燥就是成品青麻（亦称"生麻""泥麻"）。青麻和棉花一样，都是国家统购统销物资，由土特产公司委托各乡麻站统一收购。

剥下来的麻皮一般要在田里晒上两天，再把十几绞晒干后的麻皮捆成一捆，便可送到麻站去投售了。20世纪80年代时生麻的收购价每担为40元左右。根据麻皮的质量，其收购价格略有高低，收购时根据麻的长短来分等级，分为红票、绿票和黄票三种，红票长度要求在2米8以上，绿票长度是2米以上，黄票只在2米以下。故在络麻出售前，麻农都必须根据这些标准，将络麻分别捆开，以便验收。

除了卖生麻外，也有将麻洗过后成为麻精再卖，称为"精洗麻"或"白麻""熟麻"，这种情况尤以运河水乡一带的五杭、博陆、亭趾为多。精洗麻的价格要比原麻高很多，从而增加了麻农的收入。精洗麻虽然价格高，但洗麻却非常麻烦。过去有两种方法，一种是带秆浸，另一种是剥出后浸。带秆浸在80年代初搞过，搞了约四五年，后来嫌麻烦不搞了。带秆浸时，将未剥的麻放倒在麻田里，上面用东西压住，然后再向麻田里放水，带水浸上10到20天，然后再来剥，剥后漂洗干后就成了精洗麻。运河街道范围内水面宽广，河流众多，一直是精洗麻的主产区。1964年调整络麻种植布局，从种麻万亩以上的乔司、九堡、翁梅3个公社划出4000亩（267公顷）麻田计划面积安排到水田较多的五杭博陆、塘南等公社，加大了五杭、博陆两公社络麻种植和精洗麻出产的比例。

生产精洗麻，要将络麻剥出后浸在河里，浸上十来天（温度低时要延长时间）进行漂洗。漂洗时男人们下河去清洗沤熟的麻，双手用力把麻在水中反复左右搅甩，再在石板河埠上像妇女捣衣一样，用木槌反复敲打，捣净粘住的根部剩皮。洗净的麻皮显露出银白色的麻纤维，便成白净的精洗麻了。由于是剥出后浸入河中，会带来一种严重的副作用，那就是河流里的水质污染，俗称"烂麻水"。由于麻浸在河里，河水缺氧，浸出物中有硫化氢、硫醇、氨等有害物质排放到河里，使河水发出一股带酸的臭气，水质黑得像墨汁。"烂麻水"期间，河里的鱼、虾都断子绝孙。河里一直要等下过几场大雨，才会慢慢吞吞缓过劲来，才会有鱼虾重新游来。

过去，络麻是经济作物，卖掉精洗麻后，生产队还会预分一次红，家家户户都能分上一点钱，享受一下丰收的喜悦。

说到洗麻，有一段历史值得在这里提一下。那就是 20 世纪 40 年代到 50 年代之间，在如今的运河街道这一带，曾出现过星罗棋布的麻厂。大批当地的农民进麻厂当上了季节性工人，而且有不少人从这里的麻厂起步，转为了正式工人，离开了农村。这也是在这一带最早出现的工人群体。其时，亭趾杨家墩有东南麻厂，费庄村有联益麻厂，三花里有新华麻厂；五杭三角渡有利民麻厂，五杭曹家河有群众麻厂，等等。1951年 7 月，供销社也在亭趾建精洗麻厂（见《运河街道志》第二章第五节）。

20 世纪 80 年代，我在余杭县国营工业总公司担任《余杭县国营工业志》的执行主编。在查找余杭工业历史的时候，我对新中国成立初期杭

洗络麻   尤源海　画

县洗麻工业的这段历史很感兴趣，因为我母亲曾经就在亭趾麻厂工作过。于是我详尽地采访了当年杭县总工会曾经有个麻厂工作小组的相关人员。对于几个当时还健在的老人，我一个个分头采访，掌握了大量的资料，写下了《杭县麻厂的兴衰史》《杭县麻厂的关、停、并、转》等文章，并在我撰写的《余杭县国营工业简志》中，专门设了一章，来叙述新中国成立初期的洗麻业。然而，当年没有电脑，手写的资料由于时过境迁已经很难找到。但由于当时杭县的麻厂大多集中在今运河街道这一带，而且还是从这里起源的，所以，我觉得有必要来叙述这一段很多人都不知道的历史，好在很多事情我都还记忆犹新。

20世纪40年代中期，有个前来亭趾一带收麻皮的上海商人，见亭趾一带小河港众多，劳动力也便宜，便动了在此设厂洗麻的心思。他通过当地人在亭趾一带购地建屋办起了一家麻厂，称"精洗麻厂"，聘请当地农民负责洗麻，将他收来的麻皮通过在河港里"浸麻"，漂洗成麻筋（熟麻）后再运到上海出售。麻皮和麻筋之间的利润相当可观。麻厂建成后，仅仅一年工夫，这个商人就获利甚丰，远远超过他原先卖麻皮的收益。一时间，其他那些收麻皮的老板眼睛都红了，也纷纷到这一带来觅地设厂。到新中国成立初时，这一带的"精洗麻厂"已多达三四家。

由于这一类的"精洗麻厂"不需要什么设备，只要在小河边上用上一些毛竹搭起晒麻的架子就行，称得上投资小见效快，故在新中国成立后，精洗麻厂在这一带得到了迅猛发展，从亭趾发展到五杭、博陆，继而又延伸到塘栖、勾庄、良渚，还出现了不少地方国营的精洗麻厂，使麻厂成了新中国成立初期杭县一带的主要工业企业。到20世纪50年代中期，全县有多达20多家麻厂，其中绝大部分麻厂出现在亭趾、五杭、博陆今运河街道的地段上，地方国营亭趾麻厂就是其中的代表性企业。上个世纪的50年代末期，麻厂开始走下坡路，这与1958年建成的浙江麻纺厂的投产有着很大关系。于是，这一带的麻厂开始关、停、并、转。其中"并"和"转"的麻厂，将原有的职工带到了其他企业。由于麻厂的存在，这一带出现了最早的工人。

甘蔗生产习俗

甘蔗是一种皮薄、肉脆、汁丰、味鲜甜的果品。在旧时，临平一带的紫皮甘蔗是相当有名的，此地种植甘蔗的历史也相当悠久。紫皮甘蔗秆粗皮薄，含糖分高，汁多，味甘甜，而且还宜于保存，几乎能卖上一年。再加上吴语地区独特的民俗，将甘蔗运用到了婚礼上和春节期间的待客中，故甘蔗历来销路很好，这更是促进了农民种甘蔗的积极性。运河街道与临平接壤，旧时这里的百姓们也与临平地区一样，流行种甘蔗。

种甘蔗在当地不叫种甘蔗，而叫作"排甘蔗"。"排甘蔗"一般都是清明节开始的。排甘蔗就是将上一年留做种的甘蔗出窖并经挑选、处理后，一段一段地排在地上。也许是由于种甘蔗是这样一段段排列的，故当地方言将种甘蔗称作"排甘蔗"。排甘蔗的地是清明前就已垦好，捣细落平，以顺水方向，用当地特有的"调王铁耙"开好甘蔗小沟，称"笃列"。再将小沟里的泥充分做细做松，并一边加水，一边用"调王铁耙"把泥土掏成泥浆。然后把用刀切成四至五节一段的甘蔗种，朝同一方向，一段接一段排放在小沟的泥浆里揿平，均匀地露出两边的芽尖。排好甘蔗后，再在甘蔗上浇上河泥。再过二至三天，用木制竹柄的豁列刀，在甘蔗列两边豁成两条小列，以便蔗芽透气。立夏以后，甘蔗苗将有二至三节甘蔗长出来时，就要掳去脚壳，转列（在小沟之间用"调王铁耙"开沟，并把土雍添到生甘蔗的列里，把原来的岭变成沟，把原来的沟变成岭，这叫做"转列"）。转列前还要重重地施上一次农家肥，然后是根据甘蔗生长的需要撒几次壳（一般叫"拍叶"）。撒壳一般要三到四次，甘蔗长到二至三节，就要去撒一次壳。第一次叫"掳脚叶"，最后一次叫作"撒定壳"。

甘蔗生长期间的管理，在幼苗时最关键的是防虫除虫，因有一种俗

排甘蔗　　　　　　　　　　　　　　　　　　　　摄影　褚良明

称"地老虎"的虫常会咬断甘蔗嫩芽。其次是及时施足追肥，以及及时
拍叶和随时抗旱。拍叶的活很是辛苦，当时是大热天，甘蔗地里密不透
风，甘蔗叶边上又有小齿，叶柄上有细毛会粘到人的身上和手上。拍叶
时人得弯着腰，一气生活做下来，往往大汗淋漓，筋疲力尽。抗旱则更
是重中之重。甘蔗生长期间正是大热天，甘蔗大多种植在旱地上，对水
的需要较多。之前抗旱多用手工车水，十分吃力。后来生产队时有电
了，用抽水机和水泵才比较轻松。

　　立冬以后，甘蔗成熟了，乡民们陆续开始收甘蔗。到了霜降时分，
甘蔗地上的所有甘蔗要一起收完。收甘蔗，也许是要将甘蔗一株株拔起
放倒的缘故，当地方言称作"倒甘蔗"。"倒甘蔗"是一项很辛苦的农
活，要起五更早早地到地上，用落叶刀先割下梢叶，然后用华锹掘松甘
蔗蒲头上的土，使甘蔗与母蔗分离。再用双手拔起一株株甘蔗，敲掉泥
土，把它整齐地排放在地上，并在根部泼上水，让它湿润一下。接着，
用甘蔗壳事先绞成的"符索"去缚甘蔗。缚甘蔗是个技术活，一捆甘蔗

要缚三缚，底部一缚，梢头上一缚，中间略上再一缚。缚得好，甘蔗在搬动时不会散掉，而缚得不好，甘蔗一搬就散。甘蔗缚得好不好最主要是看最底部的一缚，乡民称之为"头缚"。甘蔗最底部那个"头缚"不是每个人都缚得来的，往往要请专门头缚师傅来缚，一般的人只能缚缚上面两缚。缚甘蔗时十支为一捆，一般是五粗五细，细的当底子，粗挺的做面子，捆好后五捆一叠码好。等全部甘蔗码好后，数一数码数，就知道自己今年有多少捆甘蔗要落窖，然后用船将甘蔗运回家。

甘蔗收获后，一部分甘蔗留作上市去卖，大部分甘蔗却要存放在地窖里。这样落窖过的甘蔗便于保存，不容易在冬天冻坏，还可以留待明年春天卖个好价钱。所以这一带排甘蔗的乡民们都有将甘蔗落窖的习俗，称作"窖甘蔗"。甘蔗收获之后，先在自己家门前挖个大坑，那坑的大小深浅以需要入窖的甘蔗多少而定，窖底平整，并挖一条交叉型的浅沟，以便排除窖底积水。再将收获的甘蔗按五顺五倒一捆捆叠下去，叠得整整齐齐，与窖口持平，再叠上三顺二倒或者四顺一倒。叠成后有一定斜势，可以顺水，全部叠好后如瓦房一样的形状。甘蔗叠好后，在

甘蔗　　　　　　　　　　　　　　　　　　　　　　摄影　褚良明

上面笃一排甘蔗的鲜壳叶。过几天，随着天气的逐步转冷，再慢慢地往窖上盖泥。盖泥之前为防窖内甘蔗发热而烧坏甘蔗，都要泼一些水，增加潮湿度，以便甘蔗上汽。入窖后的甘蔗一般都要到明年春天才开窖出售，窖过的甘蔗味道更甜。

由于窖内的甘蔗方便保存，使得甘蔗从10月上市可以一直卖到第二年的7月，差不多有近一年的时间，成了旧时最常见的一种水果。甘蔗鲜嫩质脆、味甜汁多、营养丰富，与一般水果比较，尤为经济实惠。这一带的乡民们对甘蔗有着一种偏爱，每到逢年过节，祭神拜佛，都用甘蔗来作礼品，作供品。每到过年，家家户户几乎都要准备好几把甘蔗，一来自己吃，二来招待春节来的小客人。过年时，家家户户还要在自己家中大门的两边各笃上一根最粗最长的甘蔗，称"戠门甘蔗"，象征着来年生活节节高。除此之外，旧时结婚拜堂时挑方巾，也是用甘蔗来挑的呢，从中可见这一带乡民对甘蔗的重视。乡间还有句俚语，叫"甘蔗老头节节甜"，故旧时吃甘蔗时还有种习俗，那就是要从梢上吃起，这样，吃的时候会感觉到越吃越甜，从而来祈求生活越来越美好。

五杭青皮甘蔗　　　　　　　　　　　　　　　尤源海　画

每逢甘蔗上市时，村里的农户纷纷将自产的甘蔗拿到附近镇上设点叫卖。也有的农户，干脆以一只大船装满甘蔗，跑起了长途，去上海、苏州等地叫卖。

改革开放后，随着外地甘蔗特别是广东甘蔗的大量涌入，各种时鲜水果充斥街头，水果店也越开越多，以致本地甘蔗的种植面积逐步减少。时至今日，甘蔗的种植在境内已不多见了。

油菜生产习俗

油菜，又叫油白菜，苦菜，十字花科、芸薹属植物，原产我国，其茎颜色深绿，帮如白菜，属十字花科白菜变种，花朵为黄色。油菜营养丰富，其中维生素 C 含量很高。油菜一般生长在气候相对湿润的地方。油菜有许多用处。比如土油菜花在含苞未放的时候可以食用，油菜花盛开时也是一道亮丽的风景线，花朵凋谢后，油菜籽可以榨油。油菜在我国的栽培有着几千年的历史。我国和印度是世界上栽培油菜最古老的国家。全世界栽植油菜以印度最多，我国次之。

在运河街道，油菜与小麦同属本地"春花"生产中的最主要的栽培品种。这一带属于长江中下游的杭嘉湖平原地区，水源充足、土地肥沃，给油菜的生长提供了必备的条件，所以，杭嘉湖平原是我国油菜的主要产区之一。

油菜是本地农村一种主要的经济作物，其主要用途是收其籽用来榨油。运河街道一带的农民有着世代种植油菜的传统。在旧时，这一带栽培的油菜品种是本地俗称的"土油菜"，这"土油菜"的全株都可以食用。到了 20 世纪 50 年代，政府大力推广新品种"胜利油菜"。这"胜利油菜"的产量要比"土油菜"来得高，因而受到广大农户青睐，大家纷纷种起了"胜利油菜"。之后，这一带"土油菜"的种植量大幅减少，大多是零星播种，用来作为蔬菜食用，即俗称的"田心菜"。而"胜利油菜"虽然产量高，但不能食用，其菜籽收获后投售给粮站供应油厂作榨油原料。目前，这一带仍有用"土油菜"生产的菜籽来榨成食用油，俗称"香油"。这种菜籽油因其有一股浓香，仍然受到不少人的偏爱。特别是那些用来蒸的菜，使用这种"香油"其味更佳。所以，这种用"土油菜"的菜籽榨出的"香油"广受老百姓喜爱，是日常生活中做菜的调味佳品。菜油营养丰富，易为人体吸收，如与其他优良食油配合食用，营养价值更高。菜油除食用外，旧时还用来点灯。

油菜的大田栽培首先要育苗，这一带油菜育苗一般均采取散播方法。农历十月初前后，在翻耕平整好的土地上均匀地撒上菜籽，并适时进行补水。过四五天左右，油菜籽开始发芽，慢慢长成嫩绿的菜苗。这时即要及时施肥。待菜苗叶子长到一个月左右时，即把菜苗移栽到大田里事先做好的畦上，同时浇上清水粪，施过磷酸钙拌碳铵一次。之后，要适时施肥（现大多用化肥）。冬季施足肥后，春季就不用施肥了。油菜从移栽起就要注意病虫害，及时用药喷洒，并及时补水抗旱。油菜渐渐长高，抽出嫩绿的叶子，这时还要做好防病和除草工作。因其时恰值冬季，油菜长势较慢。

农历年后，春季到来，天气渐趋暖和，油菜长势加快。这时，排水是重点，要开好排水沟。到农历三月底，油菜苗已迅速长到一人多高，"胜利油菜"的长势更旺，陆续开始开花。这时人们就把"土油菜"的菜心掐下来作蔬菜吃，称之为"田心菜"，这"田心菜"很嫩，其味鲜美无比。这一带以前的老习惯，还有一种腌制田心菜的习俗。人们先把田心菜的菜心晒瘪，然后在小缸里踏制为腌菜，边踏边放盐。腌田心菜除了用脚踏外还有种用手揉的，一般量少的都是采用手揉的办法。手揉法即是将田心菜放在木盘中用手反复揉压，一边揉一边放盐，然后放在罐子里揿实做成咸菜。"土油菜"初次掐下的菜心称作"头田心"，之后掐下的分别叫"二田心""三田心"。

到了清明节前后，油菜开花的旺季到了。这时，田野中的油菜黄灿灿的一大片，十分壮观，成为境内乡村随处可见的一道独特的风景。在旧时，这一带乡间到处都是油菜田，一到开花季节，田野上像是铺上一层黄金，那些生机勃勃的油菜花连天接地。许多养蜂人在油菜开花季节都来此放蜂采蜜。农家住房就在花海中间，疑如仙境。近年来，境内的油菜种植面积虽有所减少，但运河北面双桥村的"千亩油菜"特色景点，在每年的旺花期都仍是游人如织。

旺花期之后，油菜花渐渐凋谢，结成菜籽荚。菜籽荚由小到大，由青转黄，菜籽也渐渐成熟了。

收获油菜籽与收获小麦同时期，两项作物同属春花作物。收获菜籽的方法在这一带叫作"揉菜籽"。其过程包含"拔油菜"和"揉菜籽"两部分。"拔油菜"时，必须在菜籽尚未完全熟透时进行。因为如等菜籽熟透了再拔，就会因用力过猛把熟透的菜籽荚碰碎而使菜籽洒落地上。"拔油菜"时抓住田间的油菜株的底部连根拔起，然后轻轻地敲去根上泥土，将其整齐地斜放在田间。拔起的油菜放在田间后过几天去看一下，看到菜籽渐有熟透迹象，呈秸秆时，就可以"揉菜籽"了。

揉菜籽前，先在田间做平一小块地，要能容下一只蚕匾稍大一点的

揉菜籽

尤源海　画

位置。在上面放一只蚕匾，或者是一块类似被单大小的布，依次把一株株的油菜株果实部分放到匾（布）中，并用手轻轻搓揉。这样，油菜荚在搓揉下会爆裂，里面的菜籽就散落在匾里或布上了。等到匾里的菜籽聚多后，捧去上面的菜壳（荚壳）放在匾外，匾内的菜籽就用畚箕撬到麻袋里装袋，再运回家。运回家的菜籽还需要晒干，旧时一般都放在蚕匾里翻晒。后来有了水泥晒场，便摊放在晒场上翻晒。晒好的菜籽还要用风箱扇去剩下的荚壳。之后再装袋，投售给粮油收购站或去自行榨油。一般每亩胜利油菜产籽 300~400 斤，土油菜每亩产籽 200 斤左右。收获后的油菜田，拆去麦岭，就灌水准备插秧了。

小麦生产习俗

小麦是人类主粮之一。据考古资料证实，我国引进小麦种植的历史至少已有 4000 多年。杭嘉湖平原水土滋润，土壤肥沃，气候温寒适宜，历来种植小麦。运河街道一带范围内的粮农世代种植小麦，所产的小麦在"江南粮仓"中占据了重要地位。

小麦　　　　　　　　　　　　　　　　　街道文体中心　提供

　　小麦的大多是加工成面粉后再制成五花八门的食品。最主要的如面条、面包、馒头、馄饨、饺子、大饼、油条以及各色饼干等。小麦食品营养丰富，加工制作方便，深受广大群众喜爱。小麦加工成面粉后所留下的粗皮叫"麸皮"，旧时也常做成团子食用，叫"麸皮圆子"。

　　小麦的播种在秋后初冬时，一般在稻田和络麻田收获后的农历立冬前后。小麦大多播种在田间，但也有不少播种在旱地上。播种前，先把大田翻耕后做成畦（本地叫"麦岭"），再在畦上横开浅槽，槽距1尺许。然后撒上事先浸泡消毒好的种麦。一般都是条播，也有散播，之后盖以毛灰。播种后过半个多月，嫩苗就破土而出，渐渐长高。小麦的生长期要经历漫长的冬季，其初期由于气温低，所以生长比较缓慢。小麦的施肥一般在春节后，沃土一般施两次即可。同时也要做好排水、防病、除虫、除草、田间管理等项工作。小麦的生命力较顽强，抗寒，冬天一般也不怕冻，因此北方栽培小麦更多。下雪能保护麦苗不受冻伤和风侵，并滋润麦苗。春天到来后，小麦长势加快，一般在清明前大致完成分蘖、拔节，并开始抽穗吐芒。

　　小麦的栽培在前期应注意蚜虱等虫害的防治，之后是赤霉病等病虫害，要及时喷洒农药。

　　"五月南风小麦黄。"农历四月底小麦开始成熟。这时，金黄色的麦穗沉甸甸地在田间垅上随风起伏，丰收景象令人陶醉。麦穗从渐渐饱满到成熟，初夏的农历五月初则是农家大忙的麦收季节。这个时节正值春花收获、秧苗移栽和春蚕饲养的忙季，俗称"三抢"。

　　收割小麦，先把麦割下，以前放板上摔打脱粒，现用脱粒机脱粒。脱粒后捆起麦秆。脱下的麦粒要用风车扬去麦壳，留下干净的麦粒。然后把麦粒放到晒场上晾晒干。一般每亩可产麦子400斤左右。收获后大部分小麦投售给当地粮站。

　　脱下麦粒后的麦秆，是一种很好的工艺编织原料，可用来加工编织成麦草扇子、草帽等。但这一带百姓没这项手艺，无人会编。因此，大量的麦秆除用来当柴烧外，其他的用途就是吃素念佛的老太太们用来做佛经。说来也奇怪，由于念佛的老太太们念佛时离不开佛经，所以那些家中有老年妇女信佛的人家如今多会零星种点小麦，其主要目的是为家中念佛的老太太提供麦秆，可谓本末倒置了。如果不是老太太们有麦秆之需，如今这一带可能已看不到小麦生产了。

靠水吃水抲鱼忙

　　江南运河由西而东，从塘栖镇塘南乡流入境内的五杭，经博陆再往东流向桐乡的大麻境内，在运河街道北部穿过，在境内留下了8.7公里长的运河航道。这8.7公里的运河水面之外，又有无数条小港沟通着整个运河街道，使这里成为水乡泽国，成为标准的江南水乡。有道是"靠水吃水"，这宽阔的水域成了人们捕鱼的好地方。长期以来，这一带水乡有着众多的渔户和农户从事捕鱼，还有专业捕鱼的博陆水产大队在一个历史时期内长期以捕鱼为生。千百年来，渔民们积累了各种抲鱼的经验和工具，并一代一代地传承了下来。

　　这一带的百姓，习惯称捕鱼为"抲鱼"。过去一些不以捕鱼为业的

塘泾洋打网捕鱼　　　　　　　　　　　　　　尤源海　画

百姓平时也会抲抲鱼，用以改善自己的生活，为家中的菜肴增加一点荤腥，可以称得上是"业余渔民"。在这些业余渔民中，他们大都以钓竿、夹网和板网等为工具来抲鱼。他们往往都在涨水期间或鱼浮头时临时客串一下渔民角色，抲些鱼用来改善生活或补贴家用。在老底子，钓鱼是一种另类的捕鱼手段，人们用钓鱼来改善自己的生活。大都在夏秋季节钓鲳条鱼，或在黄梅天涨水时钓一些抢水鱼。钓鲳条鱼水平高的人一天能钓好几斤，吃不光就晒成鱼干。鱼干是一种下酒的好菜。钓黄梅水鱼时，钓鱼的人大都集中在桥洞口，很多支钓竿同时伸向水面，场面颇为壮观。现在的运河街道五杭塘泾漾开辟了天然钓鱼场，常有钓客前去垂钓，一坐一整天。既是休闲，弄得好也能满载而归。其他如在五杭、博陆的不少桥头、河边也常会有一些临时的钓客乘兴光顾。

除了钓鱼之外，一般百姓的抲鱼方式还有用兜子网、夹网和扳网。兜子网、夹网抲鱼旧时时常可以看见，大都是些半大孩子抲些小鱼小虾。兜子网系用两根竹竿交叉弯着撑住一片渔网，使之成畚箕状。抲鱼

捕鱼　　　　　　　　　　　　　　　　　　尤源海　画

时，抲鱼人脚踏在浅水里，把兜子网放入水中，在河埠头等石缝旁用一根棒将鱼赶往兜子网，然后另一手擒起兜子网，看看有没有鱼。若有鱼就把鱼抓起来放入腰上挂着的鱼笼，当地人叫"鳅笼"。夹网则是以两根竹竿挑起一块长网，抲鱼时，双手各持一根竹竿，人站在岸上将夹网撒入河中，手中抓住两根竹的根端使劲一搅，然后起网。这两种方式均能在河边网到一些小鱼小虾。那些业余的渔民真正能抲大鱼的方式是用扳网，扳网相对来说是一种稍微大一点的抲鱼工具了。它用两根小竹成十字型交叉弯成弧形，撑起较大的一块网。两根小竹上又绑有一根竹竿，竹竿上端系有一根绳子。放扳网时，有的在河边打一根桩，桩上系有滑轮，扳网的绳子通过滑轮来转动。有的则在河边屋檐上挂只滑轮，大家各显神通。扳网大都是用在黄梅天涨水期抲鱼。一到黄梅天，运河旁边集镇上的不少人家会拿出扳网来大干一场。有的在桥边设扳网，有的就在自家屋门前设扳网，还有的干脆早早地抢占地盘。扳网抲鱼十分简单，只要把网沉入水底，然后过若干时间就用力把网从水底扳上来就行。如此时正好有鱼游过，那鱼一出水面就沉入网底，扳鱼人用"海斗"把它捞起来就是了。老底子涨大水时扳鱼的人获益匪浅，有的干脆点着汽油灯通宵达旦地扳鱼。所以每到发大水时，镇上居民都在河两岸支起扳网，尤其以桥边和河道转弯处为多，一时成为一道特有的风景线。大一点的扳网都系两人或两人以上操作，即一人扳网，一人用海斗去捞落入扳网中的鱼。扳网扳鱼需要耐心和运气，因为谁也不知道啥时间有鱼游过。只有不时地扳起来看看，往往是连扳十几网连条小鱼都没有。可是运气来时，一网却能扳着十几条大鱼。"十网九网空，一网就成功"，这句俗话也许就是针对扳网扳鱼这个习俗而来的。

运河街道范围内近水的乡民，旧时几乎家家都备有一两把鱼叉。每到黄梅水涨鱼泛时，或是在络麻水臭鱼浮头时，常会有不少人沿河巡视叉鱼，或用船只小网捕捞，屡有收获，甚至是满载而归。这时，抓了鱼吃不完的就拿到街上来卖，街上鱼摊特多，鱼价也贱。不过话也得说回来，这时的鱼不好吃。

在运河街道的乡村里，也有着不少专业渔民。这些专业渔民中，有不少人的祖上大都是从平湖、湖州一带"开档"（外乡）过来的，他们世代以捕鱼为业，随船漂泊，以船为家，吃住都在船上，漂到哪里就在哪里抲鱼、卖鱼，就在哪里生活。直到民国后期和解放初期，这些人才逐步上岸，发展到在岸上市梢定居。专业渔民中也有一部分是从本地的"业余渔民"演变过来的。他们先是在农活的空闲时抲抲鱼，时间一长，尝到了抲鱼的甜头，于是，便干脆以抲鱼为业了。在这些专业的渔民中，他们的抲鱼方式五花八门，各自不同。常见的和主要的抲鱼工具有油丝网、三角网、兜网、打网、滚钓、弹钓、拖网等。渔民们往往各自取某一种方式为其终生的捕鱼方式。新中国成立以后，当地政府将这些漂泊在水上的渔民和原本居住在岸上的本地渔民一起组织了起来，成立了博陆水产大队。这个水产大队管辖着当地绝大部分的外塘水面，而且开始养捕结合，不再是原先单纯的抲鱼了。成立了水产大队之后，渔民

五杭老南街一角　　　　　　　　　　　　　　　　　尤源海　画

们各自擅长的捕鱼方式开始随着集体水产生产"养捕结合"的方针而有所改变。

在这一带渔民中，有着一些不太常见的抲鱼方式。先来说说"放排筒"。"排筒"是一种比较简单的、不太常见的抲鱼工具，它用大的毛竹筒做成，一般长是一公尺三左右，一托不到一点。将毛竹筒外面的竹皮刨掉仅留下竹黄，可以减少毛竹的浮力。再将竹筒里面的竹节打通，并在竹筒的口子上开个小口，做上自家的记号。有的是用姓氏做记号，有的是用名字中的一个字做记号，还有的用数字做记号。这做记号的目的是为了不与别人家的排筒搞错。在使用时，每个排筒的中间都要用绳子捆上块石头，使它可以直接沉到河底。由于这竹筒横一排竖一排成排成排地放入河底，所以这种抲鱼方法也称作"放排筒"。

排筒抲鱼主要是抲鳜花鱼的，一般放排筒都在冬天进行。因为冬天鳜花鱼要寻地方做窝，看见排筒有洞它会拼命往里面钻，钻进去被它自己的鳞齿梗牢了就出不来了。其他的一些鱼也会钻进去，因为里面暖和。放排筒的时候，抲鱼人选择宽阔的河面，将排筒一只一只沉入水中。一般都成排成排地放，横是横，竖是竖，排筒与排筒间隔很近。放好后，近地方放的话抲鱼人就回家，远地方放的话就寻个地方靠岸休息，要到第二天早上才去收排筒。收排筒时，放排筒的人有一种收排筒用的专用工具。即在一根细竹竿上面装有一种两根齿的叉，这两根齿的间距正好可叉牢排筒。人站在船上，用这个叉把一只只的排筒叉起来。如果排筒中有鱼就将鱼从排筒中倒出来。然后再将排筒沉入河底，等待下一个轮回。

做排筒最好是旧毛竹，旧毛竹没有气味又少了浮力，既便宜又实用。老底子这里的渔民往往载着一船甘蔗去与山里的放排人调换那些他换下来的旧竹排，用来做排筒。排筒抲鱼常常要出远门，一般都是七八只船一起去。出门时，将两只小船用毛竹捆绑在一起，以增加面积。然后将几百只排筒一层层叠上去，用绳子绑好，然后划船出发。到了地方后，便去放排筒了。同去的排筒船各自划分好水面，这条港你抲，那条港我抲，然后各自将排筒沉入河底。放排筒时，由于沉入河底看不见，往往会在岸上找参照物，如树、塔、建筑物都是做记号的地方。根据岸上的参照物，他们沉下排筒，到时可根据岸上的参照物来取排筒。放排筒时，往往是 120 只排筒放一垛，一只船放五垛，五段不同的河面，共 600 只排筒。

第二天早上天蒙蒙亮，能看得清岸上的参照物了，便开始去叉放在河底的排筒。每天叉一垛，也就是 120 只排筒，叉起来的排筒倒出里面的鱼后重新将排筒沉入河底。这样，第二天叉另一垛排筒，五垛排筒正好五天一个轮回。连续几个轮回后他们再换其他水面，继续五天一个轮回。运气好的日子一天能抲到毛三十斤鱼，收成算是相当不错了。

还有一种抲鱼方式也很独特，即用船拖着绳索在河底行走，碰到受到惊吓的鱼就用捻夹把鱼夹起来。这种抲鱼方式运河街道这一带叫作"撑索"。由于拖着的索子总共有五根，所以也有人把它叫作"撑五根头"。

撑索用的索是麻绳索，这种索也都是自家搓的，用三股头麻皮搓成。一般索的下头要稍微粗点，索的上头稍微细点，上头细的地方还有手指头介粗。撑索时一只船总共拖有五根索，五根索的长短是一样的，有三托半长，约 5 公尺的样子。索的上头全都固定在一根约 4 公尺长的小毛竹上，索与索的间距大约是 70 厘米。索的下头用铅蛋咬牢，增加分量使它能沉入河底。抲鱼个辰光把那根小毛竹横着固定在船尾上，然后将五根索沉入河底。抲鱼的人站在船头，船头上放有一只木头架子，将一把捻夹插在架子上。抲鱼时，抲鱼人手持竹篙倒着撑船，拖着五根绳索往前走。五根索在河底中拖过，河底如果有鱼的话，碰到索会受到惊吓，受到惊吓的鱼会立即钻进河底的污泥里去。但在这受惊吓、钻污泥的过程中，会在河面上泛起一阵阵水花或水泡。撑索的人根据这泛起的水花和水泡，就能晓得河底里是条什么鱼，钻在了哪个位子。然后随手操起插在木架子上的捻夹，一夹子落去，连鱼带泥全都夹了起来……这"撑索抲鱼"，讲究的是眼快手快。撑船的辰光，眼睛盯牢的是水面，一见水花马上作出判断，随后立即操起捻夹往河底里捻去。这水花和水泡，如水在流动，那就要根据水的流动来估算出提前量，否则会捻空。所以，这捻夹往什么地方捻，完全是凭经验。没有几年的经验积累，依想一捻夹落去捻到鱼，真是谈都勿要谈。捻夹夹起来的鱼，若是鲫鱼，往往都在泥堆里，要把捻夹在水里不停地晃动，晃掉那些污泥，鱼就露出来了。若是鲤花鱼，鱼大，带上的污泥就会少些。把鱼放入船舱后，捻夹重新插在木架子上，继续拿起竹篙撑船，继续观察水面，等待那水泡泛起来。

撑索一般都是天冷的辰光去撑。因为天冷时，鱼要寻地方打窝，一受惊吓就会往污泥里钻。每年冬天，渔民们除了在本地撑索，也会出远门去撑索，最远要跑到太湖边上。

再来说一下一些比较常见的抲鱼方式。在传统的抲鱼方式中，用三角网、油丝网、打网抲鱼比较常见。三角网抲鱼系一人操作，那三角网是用两根细竹将网张成三角形撑开，故名。两根细竹的结合处有一绳套，上面有一根横档，操作者坐在船头一手持网，一手持桨。持网的那只手，手腕伸进三角网的绳套里，手抓住横档，将网慢慢地伸进水草下面，然后持桨那手使劲用桨在水草上大拍一下，紧接着便用桨支在水草上将船撑开，持网那手便将三角网紧贴水草底部高高举起并拉出。如果有鱼，均在网底。三角网抲鱼的最好季节是在鱼产卵的辰光（俗称"笑籽"）。老底子运河两边都养水草，鲤花鱼喜欢在水草下面产籽，而且响动极大。还有样有趣的事情，证实了动物界也都是相生相克。每逢鲤鱼产籽时，旁边肯定有鳊鱼或者鲫鱼跟着，你知道它们跟着干什么？喏，它们等着吃鲤鱼产出来的籽呢。所以，你一网下去抲住产籽的鲤鱼时，往往网中还能抲一些鳊鱼和鲫鱼呢。用油丝网抲鱼时大都是两个人，一人在前舱放网，一人在后舱划船把艄。油丝网是用丝织成的长网，上面有浮子，放入水中后会垂直地挂在水面上。一旦有鱼游过，便会让油丝网绕住难以脱身。油丝网放好后，放网者稍事休息，抽一根烟便可去收网。有时围着水草下丝网的话，放下网后还会将船撑入水草中，用响叉在四处水面上响动一会，将角落中的鱼惊出来后再收网。收网时抲鱼人身边放一"海斗"，发现有鱼，一"海斗"下去将鱼和网全都捞了起来。过去丝网船大都是夫妻档，丈夫船头放网，妻子船艄把舵。除了夫妻档外，也有父子档和父女档。油丝网也有一人操作的，一人操作时，在船艄上挂一把半把头的划楫作舵，抲鱼者一人在船头作业。还有种是打网抲鱼，打网抲鱼也是两个人操作的。一人在船艄划船把舵，一人在船头撒网捕鱼。打网是一顶圆网，一网撒去四平八稳，成圆形落水，很好看。打网抲鱼是一种最具观赏性的捕鱼方式，故时常有摄影家捕捉撒网的镜头。一网下水，如果此水域正好有鱼，便统统罩入网中。打网捕鱼专业性比较强，技术难度极高，在波动的船头上要将几十斤重的鱼网四平八稳地撒出去，没个一年半载的工夫是很难学会的。常见的打网抲鱼是集体行动，三五只打网船一字排开，打头的一声令下，几只船同时撒网，正如天罗地网一般，场面很是好看。夏天打网抲鱼时还有种投放食料的方法：先在河埠头一带的水面中撒些食料，等过个半个钟头就去那里撒网，基本上不会脱空。

在传统的捕鱼工作中，还有不少是使用钓子的。钓子有弹钓、滚钓等，其中滚钓是一种比较罕见的抲鱼工具。说它罕见，其实并不罕见，不少渔民都有滚钓，只是使用滚钓危险性太大，平时一般都不拿出来用，所以才罕见。滚钓是在一根绳子上密密麻麻地布满各种尖尖的钓钩，十分锋利。抲鱼时把滚钓横穿水面放入河中，在河的两头各竖一根竹竿，两端滚钓的绳头分别缚在两根竹竿上，竹竿上挂有一些碎碗片，有的是铜铃。等鱼从该水面游过时不小心碰到钩子，就会让锋利的滚钓扎住，越挣扎扎住的钩子越多。此时，竹竿上系着的碎碗片或铜铃就会发出响声，抲鱼人就去收滚钓，抓住那条自投罗网的鱼。可是说说容易，其实收滚钓时很不容易。若碰到稍微大一点的鱼，它在水中力气很大，一挣扎，你稍不小心，手中的滚钓会扎在你自己的手上，从而把你也拖下水。所以一般的柯鱼人都不太愿意使用滚钓。有经验的渔民碰到滚上了大鱼时，他在大鱼挣扎时会把手中的滚钓随手扎在木船上，让鱼拖着木船跑，一直等到它筋疲力尽时才收钓。使用滚钓还有个麻烦，那就是要经常磨钓子，把它磨得十分锋利，还要在钓子上涂抹猪油，使它不会生锈。滚钓还有个用处就是用来滚死尸。老底子老是有人失足落水淹死，淹死后亲属们如果打捞不到尸体，就会来请专业的渔民出面，让他们用滚钓去滚。滚钓的范围很大，只要在那一段水面能够吃准的话，应该说一定会滚上的。

解放前，由于区域管辖等社会原因，加之投资上的风险巨大，运河主航道上的广阔水面一直无人敢经营养殖，故成了无主水面。所以四面八方的渔民全都来此集居，墨鸭、丝网、兜网、拖网、打网、滚钓，各种渔具常年在此作业。湖北、江苏、山东、绍兴、德清、湖州等地的渔

墨鸭柯鱼　　　　　　　　　　　　　　　　　　　尤源海　画

民纷纷涌入运河余杭段，在此捕鱼为生。这些渔民，大都是连家渔船，以船为家漂泊在运河中。由于这里的淡水鱼资源丰富，这些渔民陆续在余杭的运河边上集居，还出现了许多与"渔"相关的地名，运河街道的博陆螺蛳桥村就有一个叫"晾网圩"的小地名，这些地名的产生，都是由于最早居住在此的都是些渔民。

新中国成立后，人民政府准备利用运河水面来进行淡水鱼养殖。浙江省水产养殖公司于1951年11月设立了"杭（县）德（清）吴（兴）养鱼总场"，总场场部设在塘栖镇吴家坝，分杭县、德清、吴兴三个片，开始管理运河水面。但由于运河水面宽阔，水情复杂，杭州放下去的鱼苗，说不定游到苏州去了，故一开始还是只捕不养。1952年3月，总场场部迁塘栖镇圆满桥西堍。1954年8月，因水面范围太大，故分段设场，当时杭县水面设立"地方国营杭县养鱼场"，场部仍在塘栖，沿用原"杭德吴养鱼总场"的场部。"地方国营杭县养鱼场"成立后，开始外荡养鱼，并于1956年进行投资开发运河主干道水面的外荡养鱼。由于运河主干道水面一直没有人养过鱼，相当于一片荒地，故此举又被称为"运河开荒"。

这一工程分两期进行，第二期工程向东经塘栖镇区延伸至九里港、三条坝处建大关。三条坝以东的运河水面由运河街道属地管理。当时有关部门将这一带的渔民组织了起来，成立了博陆水产大队，并由博陆水产大队负责管理辖区内的运河水面。博陆水产大队当即也借此东风，与地方国营杭县养鱼场在三条坝合箔，共同管理，并着手开发三条坝以东的运河水面，也与国营渔场一起，开始发展外荡养鱼了。

在运河的外荡大水面里养鱼，管理是关键。它不同于内荡的小水面，环境相对复杂，变数多。为保证鱼群安全生长，必须建好相应的拦鱼设施，不让鱼群外逃。拦鱼设施主要是"箔"，分传统的"竹箔"和新式的"网箔"两种。竹箔系用毛竹劈制成"扁丝"和"横丝"，用棕绳按间距每一市尺一道绳，编结成竹帘样式的"座箔"，也称"竹箔"。

"网箔"则相对比较简单，直接采用聚乙烯网片联接而成。

箔的结构组成由箔丝、翼头（绍兴渔民称"碰头"）、"汇头"、礅梢四部分组成。座箔用竹桩固定，测定水位后按箔形下桩，上水面为"正桩"，下水面为"碰桩"，竹箔沿竹桩下水，配以上下栏杆、水杠、撑桩、天盘予以加固，将这个河道用竹箔拦了起来。竹箔的中间设置有可浮动的箔门，供船只出入。竹箔建成后，还需配制好备用的预制箔称作"预箔"，还有水位高时用以将竹箔加高用的"接箔"。

箔门是整个座箔的主要组成部分，它装置在箔的中间，供交通行船用，由大门、浮门、固门、盖门四部分组成。大门连接座箔的"碰头"，依门配制"固门"，用以保护大门。靠大门装置可以上下抽放活动的浮门，以备水位涨落，保持浮门略超水位的平衡，以保大门安全。盖门即在涨水时浮门拉动上下时与大门牙贴靠，保大门、浮门的紧密度，使之保持门道安全，防止鱼群越水逃逸。在运河上的竹箔，由于有轮船进出，故称为"交通大关"。"交通大关"为了方便轮船出入，故在门类的制作时，须加置门杠、托盘、活轮、盘车，以便浮门可根据需要升降。凡遇轮船出入时，守交通大关的工作人员便提前放下箔门，待轮船经过后，再用盘车将箔门盘起来。

这些拦鱼竹箔的建造，大多根据水道交通的环境特点，因地制宜，并不是统一的模式，故有着多种箔形。纵观运河街道水面上旧时的拦鱼竹箔，大致有以下几种箔形。

一是"直过箔"

"直过箔"是一种最为常见的箔形，它的箔形笔直，从箔门延伸到两岸的竹箔大致对称。这种箔一般均建在那些水流较为平稳，进出便利，河面较为狭小的河道里。

二是"桥兜箔"

"桥兜箔"大都建在桥下面的出水口，为适应桥水的水流，故箔形均呈八字形，故又称"八字箔"。

三是"淋水箔"

"淋水箔"一般建在水流湍急、河道较小的水面上。其特点是箔脚拖长，使之流水顺畅，故称"淋水箔"。

四是"拦塞箔"

"拦塞箔"相对比较少见，它一般都建在那些港汊复杂、交通闭塞的水面上。这些水面交通闭塞，无船只往来，故直接建箔将河道拦塞，称之为"拦塞箔"，又称"瞒牢箔"。

五是"正反水簖底箔"

"正反水簖底箔"是这五种箔形中规模最大的一种箔了，它一般都设在运河的主航道上，并在箔旁建簖棚子，称"交通大关"。凡是设"正反水簖底箔"的地方，水面宽阔，变化复杂，航运频繁，这里是船只的主航道。所以在这种地方设箔，都有正水和反水的簖底，箔呈两个正反向的三角形，故而得名。这样正反向簖底，可以起到方便水流的作用。"正反水簖底箔"大都设置双门，一个门供轮船等机动船出入，另一个门供手动船只出入。

对这些河道中建立的各种拦鱼设施，除了交通大关外一般没有人长期守护。为保证这些拦鱼设施的正常使用，渔民们每天都会去巡查一番，称作"巡洋"。一般来说，"巡洋"白天和晚上各一次。如发现问题，一些小问题当场自行处理；碰到大问题了则立即向场部汇报，让场部派人来处理。

外荡养鱼平时一般只捕些野鱼，属小打小闹。到了冬季俗称为"捕捞季"，才是捕捉所养家鱼的时节。运河水面养鱼，由于水面宽阔，捕鱼时均采用大型拖网作业，俗称"牵鱼"。牵鱼所用的渔网过去均系麻线织成，每年都要用猪血浆过，若干长度为一块，使用时用连线连接。一些大漾牵鱼时使用的渔网均重达几吨到十吨。牵鱼前数日，先要赶鱼，赶鱼时使用大批丝网船，一道道下网，将小港支流角角落落的鱼群悉数赶往指定的大漾。正式捕捞时，牵鱼的网要用两只网船分装。网船上支有四支橹，摇到预定的捕鱼地点，与"娘船"（指挥本次捕鱼的船只）会合，将底网与娘船连接，再在漾的中间撒下底网。然后两只网船分道扬镳，分别向两边撒网。撒网时两船速度要齐头并进，不准一只快一只慢，如有快慢，受了惊吓的鱼群则会从下网慢的一方逃窜。这快慢就全靠站在各自网船船头上撑篙的"头篙师傅"来掌握了。船摇得快了，他一篙将船撑开；船慢了，则一篙将船撑拢，以尽力保持两条船的均速。当年能站在船头打头篙的头篙师傅，基本上都是技术最好的师傅。等到渔网撒好后，两边分别用人工来拖网。大家齐心协力，将大网慢慢拖拢，拖网的速度也必须齐头并进。由网底处的指挥船，即俗称"娘船"上的指挥者来负责调度两边的拉网进程。在渔网的两边，还分别有数只或十数只小船，俗称"调网船"，负责处理一些突然变故。比如在拉网的过程中，渔网在河底突然绊住了桩头或石头，那么此时调网船上那些早已严阵以待的落水工便要赤膊落水去处理。牵鱼的整个过程一般需花 2 到 3 个小时，才能将鱼群尽力牵入网底。

忆补渔网

尤源海　画

网牵拢后，迅速插上一条大船，与"娘船"相对应，翻出底网中的袋底，整个底网像一只大口袋，装了满满一网袋鲜鱼。接下来便是过秤卖鱼，用活水船将鱼运往城市了。据《运河街道志·卷二·渔业》载："1959年冬季大网捕捞，在五杭塘泾漾，塘栖中界河，分别整网起水4000公斤和5000公斤大青鱼，最大尾重53公斤，一般达6～13公斤，创下了外塘拖水的历史纪录。"

四时八节话习俗

在我国古代，新年伊始是从"立春"第一天开始，直到"大寒"最后一天终止，共计平年 360 天，闰年再加一个月。它的依据就是古代人们所发明的"二十四节气"。"二十四节气"是我国古代人们依据黄道面划分制定，反映了太阳对地球产生的影响，它是中华民族悠久历史文化的重要组成部分，凝聚着中华文明的历史文化精华。同时，这"二十四节气"还是指导人们从事农业生产的指南针，也是日常生活中人们预知冷暖雪雨的报时器。在国际气象界，我国发明的"二十四节气"被誉为"中国的第五大发明"。2016 年 11 月 30 日，"二十四节气"被正式列入联合国教科文组织"人类非物质文化遗产代表作名录"。

对于这"二十四节气"，民间一般都泛指为"四时八节"。这"四时"，指的是"春、夏、秋、冬"这四个季节，而"八节"呢，则是指"立春、春分、立夏、夏至、立秋、秋分、立冬、冬至"这八个主要节气。"四时八节"这句话流传已久，人们往往用这句话来泛指一年中的各个节气。这"四时八节"一过，则又要迎来新的一年了。

然而，这"四时八节"还有种民俗活动的说法。民俗活动中流行的"四时八节"中，这"四时"没有变化，还是"春、夏、秋、冬"这四个季节。但"八节"就和节气中的"八节"有所不同了。反映的是在这一年四个季节中的那些传统的节日，分别为春节（乡间称"过年"）、元宵节（乡间称"正月半"）、清明节、端午节、中元节（乡间称"七月半"）、中秋节（乡间称"八月半"）、重阳节、冬至节（冬节）这八大节日。这"八节"中，虽然"清明"与"冬至"与上面相同，但一个指节气，一个指节日，故民俗活动中的"清明"称"清明节"，"冬至"称"冬至节"，一个"节"字之差，意义就完全不一样了。旧时，人们非常重视这一年中的"四时八节"，乡间有俗语称"四时八节有名堂，拜年送礼纸包糖"。每一个不同的节日，都流行着不同的习俗。旧时的那些糕点作坊，也都是围绕这"四时八节"的变化来生产不同的糕点，以满足百姓过节之时令所需。

在这八大节日中，民间又将它分为"人节"和"鬼节"，有五大人节和三大鬼节。其中的过年、正月半、端午、八月半、重阳被民间称之为"人节"；而清明、七月半、冬至节这三个节日其祭祀的对象主要是已经逝去的祖先，故在民间则称之为"鬼节"。但无论是人节也好鬼节也罢，每逢节日来临，民间总是有着一些相对应的过节习俗，这些习俗由来已久，通过几千年来一代又一代的奉行和接续，被世世代代的人们传承了下来。

在旧时，人们因平时大都奔波于生计，忙忙碌碌，很难有时间空下来。再加上旧时大部分人家经济条件都差，不可能一年到头吃香喝辣。只有到了节日，才会把平时熬吃省用的钱拿出来"辛苦铜钿快活用"。故每当这些节日到来，则显得特别重视和讲究。平时再忙的人都会停下自己忙碌的脚步，漂泊在外做生意的人也会千方百计在节日前赶回家中，与家人和亲友们相聚。故每到节日期间，家家户户都会忙于过节，特别是那五大"人节"期间，乡村四处都渲染着一种节日的喜庆气氛。

中国人最重视的节日首推春节。春节，在民间也俗称为"过年"。在中国历史上，"过年"就是指"元旦"，两者是一个意思，也是同一个节日。然而在现在，"春节"和"元旦"已经分别成了两个不同的节日，而且还都是法定的节日。这个演变是从什么时候开始的？这里，还有着一段相当一部分人所不太了解的历史。

几千年来，我国传统的纪年方式所采用的是农历，也就是民间俗称的"阴历"。农历正月初一，也就是"过年"，旧称"元旦"。"元旦"

的"元"字，指的是开始、第一的意思，凡数开始称为"元"。"旦"字，是个象形字，上面一个"日"代表太阳，下面一个"一"代表地平线。"旦"象征着太阳从地平线冉冉升起，与"元"相结合，就引申为新年开始的第一天。

1911年10月，辛亥革命爆发。同年12月25日，孙中山从欧洲回国到了上海，准备出任新政府的大总统。12月27日（辛亥年冬月初八），孙中山在上海会见了来自各省的代表。在会见时，孙中山提出了自己的主张，说是新政府实行公历纪年，并说："本月十三（辛亥年冬月十三）正是公历1912年1月1日。如诸君举我为大总统，我就打算在就职那天，同时宣布中国政府改用阳历，是日为中华民国元旦，诸君以为如何？"由于中国沿用农历纪年已有几千年历史，故许多来自各省的代表对此方案表示了不同意见。但孙中山先生态度很坚决，他再三坚持使用公历纪年，并加重语气指出："改用阳历一事，是我们革命成功后第一件最重大改革，必须办到！"

代表们回去后又召开会议，讨论这阴历改阳历一事。在代表会议上，对公历纪年一事又起反复，不少人都有意见。孙中山先生得知后去电表示：中华民国政府改用公历，否则决不到南京任职。由于孙中山先生在各省代表中威望甚高，于是有不少代表开始做那些有意见代表的工作。经过大部分代表的努力，全体代表同意中华民国正式改用公历。就这样，公元1912年1月1日晚上，孙中山宣誓就任中华民国临时大总统。旋即通电各省改用阳历，以黄帝纪元的4603（黄帝纪元的纪年法有几个不同版本）年11月13日，改为中华民国元年元旦。就这样，1912年1月1日，成了中华民国建元的开始，也成了这一年的新年第一天。

中华民国实行公历后，有人曾一度试图取消阴历新年，要求人们必须过阳历新年。但是这旧历已使用了几千年了呀，民间仍习惯使用旧历，而不习惯用公历。因此，全国大部分地区都出现了"旧历年年禁，旧年年年过"的奇特现象。在上海等一些大城市，当时的政府还采取激进措施，在春节期间派警察到为欢度春节而关门停业的商店，强迫他们开门营业。但民俗的力量终究非常强大，民间百姓对公历元旦作为"过年"还是非常坚决地采取了抵制态度，依然过自己的"农历年"。1914年1月，时任内务部总长的朱启钤为顺从民意，提请定阴历元旦为春节。此请经过袁世凯批准，就此奠定了阳历年首为元旦、阴历正月初一为春节这种两个"元旦"并存的局面。

1928年12月30日东北易帜，中国实现了名义上的大统一。当时社会出现了一些新气象，国民政府决定从1929年起只过阳历新年，坚决废止阴历新年，废除春节。他们认为：要使中国步入世界强国之林，与世界接轨，就必须推行公历。而阴历的春节是一种封建迷信的遗留物，必须坚决取缔。所以1929年成了民国政府轰轰烈烈推行阳历的第一年。一时间，各地力度颇大，纷纷采取了各种措施。但是，民间还是坚决反对，各地民众接受不了这个取缔春节的做法，抵抗情绪十分强烈。到了1933年，也许是民众的抵抗情绪太强烈了，也许是蒋介石觉得不能与几千年老传统作对，毕竟这农历过年流行了几千年了呀。于是，又开始逐步恢复对农历春节的认可。

1949年9月27日，中国人民政治协商会议第一届全体会议决议宣布："中华人民共和国纪年采用公历纪年法。"从此，公元纪年更为彻底，政府文告、统计报表等所有的官方文件中，农历纪年已没了踪影。而公历元旦节日，也于1949年12月23日在政务院通过的《全国年节及纪念日放假办法》中，被规定为我国四大法定节日之一。四大节日除元旦外，另三个节日分别为春节、劳动节和国庆节。这四大节日法定假日共7天，其中元旦1天，春节3天，劳动节1天，国庆节2天。从此，元旦与春节，变成了两个不同的节日，在称谓上不再混用。

新中国成立以后，元旦和春节就变成了两个不同的节日。但全国从上到下，对春节的重视程度都要一如既往地超过元旦。比如假期，一个是3天，一个是1天。还有一种情况可说明对春节的重视，那就是发薪。凡遇春节的日期在发薪之日前，所有的企事业单位往往会将春节这个月的薪水提前到春节前来发放，以利于员工欢度春节。此俗在"文化大革命"期间提倡"革命化春节"时曾一度遭禁。1967年1月29日，国务院发出了《国务院关于今年春节不放假的通知》，拉开了"革命化春节"的帷幕。直到1980年，我国才全面恢复了春节休假制度，重新实施1949年规定的年节放假办法。

2006年，春节作为六大传统节日（春节、清明、端午、七夕、中秋、重阳）之一获列入第一批国家级非物质文化遗产名录。

运河街道这一带的春节习俗

这一带旧时将春节称作"过年"。人们把"过年"看作新一年的开端，要总结过去一年的成绩，又要对新的一年作出期盼，故对"过年"都极为讲究。一进腊月，就家家户户忙着准备过年了，忙着"置年货"。家境富裕的人家开始酱肉、酱鸭、酱鸡、晒鱼干，忙得不亦乐乎。家境一般的人家也把平时从牙齿缝里省出来的钱用到了刀口上，打些年糕，腌个猪头，腌只毛腌鸡，烫点粉皮，光光鲜鲜过个年。所以，谈及"过年"的习俗，必须从准备过年说起。旧时有句俗话，叫"过了腊八就是年"，也就是说，"腊八节"，拉开了人们"过年"的序幕。

腊月初八，民间俗称"腊八节"，乡间要吃腊八粥。腊八这一天吃腊八粥这一习俗，相传与佛教有关。清代苏州文人李福曾有诗云：

> 腊月八日粥，传自梵王国。
>
> 七宝美调和，五味香糁入。

自从佛教传入中国，各寺院都用香谷和果实做成粥来赠送给门徒和善男信女们。腊八这天，各寺院举行法会，效法佛陀成道前牧女献乳糜的典故，用香谷和果实等煮粥供佛，名为腊八粥。也有的寺院于腊月初八以前由僧人持钵，沿街化缘，将收集的米、栗、枣、果仁等煮成腊八粥散发给穷人。大家认为吃了可以得佛陀保佑，所以贫穷人家称它"佛粥"。大约从宋代开始，吃腊八粥习俗流传于民间，用来庆祝丰收。直到现在，每逢腊月初八，考究的人家都吃腊八粥，也有人去附近的寺庙中，吃庙里提供的腊八粥。

到了腊月廿三晚上，境内的旧俗要吃南瓜（境内习惯把南瓜叫"饭瓜"，因旧时可用于充饥）糯米饭。这南瓜糯米饭用老南瓜与糯米煮成，乡间称"红南瓜糯米饭"，旧时家家户户都煮，老南瓜早就事先准备好。为什么腊月廿三要烧这南瓜糯米饭，其实主要是为灶家菩萨准备的。因为民间相传腊月廿三是灶家菩萨上天的日子，故民间有个"祭灶"的习俗，为灶家菩萨送行。而这"红南瓜糯米饭"是"祭灶"时的一种主要供品，所以说灶家菩萨吃了"红南瓜糯米饭"，能多说好话少说坏话，从而达到百姓希望他"上天言好事"之目的。

说到灶神，这里要多说几句。灶神，又称灶君、灶司、灶王爷，这一带民间俗称"灶家菩萨"。民众认为，灶家菩萨是一份人家的当家菩萨。民以食为天，灶家菩萨掌管着一份人家的饮食，灶家菩萨在家中还司掌这份人家的命运，赐予一份人家生活上的便利，保佑一份人家老小的平安。除此之外，据民间传说，灶家菩萨还是天上的玉皇大帝派到人间来考察每一份人家是善还是恶的官员，他负责监察善恶。他一年四季全都待在这户人家的家里，随时将这一家人的行为记录在案，到了年终时再上天去向玉皇大帝报告这户人家的情况。所以，百姓对灶家菩萨笃信虔诚，家家都把他供奉在灶头上。灶家菩萨在百姓心中的地位是至高无上的，其是诸多的菩萨中显得最为重要的一位。民间相传腊月廿三是灶家菩萨上天向玉皇大帝禀报一家人这一年来所作所为的日子。所以家家户户到了这一天都要"送灶神"，俗称"送灶"。

旧时的"送灶神"相当讲究。民众为了让灶家菩萨上天后在玉皇大帝面前多为自己这份人家讲些好话，因此在送灶神前，先在灶神像前点上香烛，再放上一些供品，由当家人对着灶神叩拜并焚烧纸钱，称为"谢灶"。这一天"谢灶"的供品中除点心、水果外，那碗"红南瓜糯米饭"是必不可少的，往往会放在灶家菩萨面前正中。大家认为让灶家菩萨吃了甜的东西，容易开口就说好话。还有的人家在送灶时用酒涂抹在灶家菩萨神像的嘴巴上，意思是让灶家菩萨吃醉，让他醉眼昏花，少说坏话。

供过拜过之后，主人就将灶神像从灶头上揭下来，与早已准备好的锡箔折成的纸钱一起烧掉，意喻已送灶神上天了。至此，"送灶"仪式就算顺利完成。考究的人家，在烧灶神像时还要焚烧一只篾扎纸糊的马，作为灶神上天的坐骑。

旧时，送灶十分盛行，南宋诗人范成大曾作有《祭灶词》一首，词云：

> 古传腊月二十四，灶君朝天欲言事。
> 云车风马小留连，家有杯盘丰典祀。
> 猪头烂熟双鱼鲜，豆沙甘松粉饵圆。
> 男儿酌献女儿避，酹酒烧钱灶君喜。
> 婢子斗争君莫闻，猫犬触秽君莫嗔。
> 送君醉饱登天门，杓长杓短勿复云，乞取利市归来今。

这首诗以诙谐的语言把宋代祭灶风俗描绘得非常生动。范成大诗中描绘的送灶是腊月廿四，而我们这里一般都是腊月廿三。宋时的腊月廿四为何变成现今的腊月廿三，不知是什么原因。也许旧时廿三、廿四并行。

旧时民众对送灶十分讲究，再穷的人家都要举办送灶仪式。有这么个传说：很久以前，有份人家实在穷得揭不开锅，到了腊月廿三，看看别的人家都准备了丰盛的供品送灶神上天，可他连一个铜板都没有，根本无法去置办供品，就连泡杯糖开水都办不到。怎么办？亏自己也不能亏灶神，再穷，灶神还是要送的。于是，他想出门去向亲戚借点物品。可他的亲戚也都是些穷亲戚，比他好不了多少。加之外面又下着大雪，积雪有一尺多厚，难以行走。无奈之中，他总算想了个办法，用家门口的积雪做了几个雪圆子，将那些雪圆子当作供品供在了灶神面前。这几个雪圆子使得灶神十分感动，上天后他如实向玉皇大帝汇报说，这份人家虽然穷但对神灵却十分虔诚。玉皇大帝听后，也为之感动，当即赐予这份人家第二年一个好收成……

传说毕竟是传说，没有丝毫根据也无法进行任何查考。但正因为有着这些传说的流行，才使民众对灶神的信仰更虔诚。

供奉灶神的习俗由来已久，古代就有灶神信仰。对于灶神是男是女，自古就有着不同的观点。灶神是男是女？一般都说灶神为老妇，或为美女。唐李贤注引《杂五行书》又称："灶神名禅，字子郭，衣黄衣，披发，从灶中出。"大约出于清代的《敬灶全书》则称，灶君姓张，名单，字子郭，当属男神。现在民间供奉的灶君，五花八门都有。有的是单独一个灶君，有的是一对老夫妇并坐，或是一男两女并坐，即灶君和灶君夫人的画像。看来中国百姓怕男性灶神寂寞又为其添了一位灶王奶奶，把他们放在一起供奉。关于灶神的由来，民间还有个传说更为有趣。说是古时候有一户人家，姓张，张家有两兄弟，哥哥是个泥水匠，兄弟是个画师。哥哥有着一手打灶头的绝活，他打的灶头既省柴又火头旺，四邻八乡请他打灶头的人要排队预约，人称"张灶王"。张灶王喜欢管闲事，他到别人家中打灶头时，碰到这份人家婆媳不和他就要管。时间一长，他管闲事也出了名，大家有什么事都喜欢找他来评个是非，因此他的威望极高。张灶王活了70岁，去世了，死的那天正好是腊月廿三。张灶王一死，周边百姓们家中的大小事项便都由他弟弟那个画师来主管。可他弟弟平时只知道吟诗作画，根本不会管家。一时间，不少人家中矛盾百出，张家子女弟兄闹矛盾，妯娌闹矛盾，弄得张画师一个头有两个头大。到了张灶神去世一周年的忌日，张画师想出了一个好主意。他把大哥的形象隐隐约约地画到了灶头上，点上了香烛。并在半夜时分把大家叫了起来领到了灶间，说是大哥托梦给他，玉皇大帝封他哥哥为灶家菩萨，叫他来家中察访，发现子女不孝，妯娌不和，还闹着要分家，成何体统，准备去告诉玉皇大帝，在年初一再下界来惩罚他们。子女们都听呆了，见烟雾缭绕处果然出现了张灶王的形象。于是纷纷拿来了张灶王生前要吃的东西供了起来，纷纷要求灶王饶了他们，今后一定改过。从此之后，果然全家和睦相处，老少安宁度日。此事邻居知道后纷纷来张家打探虚实，张画师便假戏真做，把画好的哥哥像分送给众人，从此，敬灶的风俗便在民间流传开来了。

由于旧时普遍认为灶家菩萨是一份人家的当家菩萨，所以人们对灶神相当重视，考究的人家打灶头时专门在灶头上方设一个神龛，用来祀奉灶神。平常的人家，灶头上没有神龛，就把灶神像直接贴在灶墙上。灶神像是一张纸制的画像，过去大都是采取木版套色印刷的，旧时称"纸马"，是中国早期的民间年画品种。余杭一带，清代时盛产"纸马"。那些大大小小的集镇上都有着众多的香烛纸马店，这些纸马店大都前店铺后工场，自己加工木版套色纸马，自产自销。余杭的纸马，内容大都以灶神和蚕花五圣为主，主要销往本地及杭嘉湖一带。余杭的纸马，因其印制精良，故在中国年画史上也有着一定的地位。

吃过南瓜糯米饭，送走了灶神，过年的气氛就越来越浓了。这里打年糕，那里捕过年鱼，一时

祭灶　　　　　　街道文体中心　提供

间，乡村里处处飘散着年味。家家户户都忙着掸尘搞卫生，大人们忙着给孩子们准备过年穿的新衣服，小人们扳着手指头盼着过年的到来，人人剃头洗浴，干干净净迎接新年。

腊月有月大月小，月大有30天，月小只有29天，到了月小的年份，腊月廿九民间也称三十，叫"廿九当三十"。到了"年三十"这天，夜里要吃"年夜饭"。那餐"年夜饭"将过年的气氛推向高潮。旧时向来有"年三十的吃，年初一的穿"之说。吃"年夜饭"前先要祭祀祖宗，意思是让祖宗大人先吃，有个祭祀仪式，民间称作"拜阿太"。"拜阿太"时（也有人会拿出祖先的画像分别挂在墙上），先在桌子的正前方一边放上蜡台点上香烛，桌子中间放上女主人烧好的菜肴，有鱼有肉，有荤有素。旧时百姓家中都是八仙桌，桌子的一边摆蜡台了，另外三面分别放上六只盅子或者八只盅子，称"三六十八"或"三八廿四"。每只盅子中都倒上黄酒，倒得很浅，面前相应地放上筷子，放烛台的左边放一小碗饭和筷子，右边放上水果糕点和香烟火柴。旧时倒背还要放一只竹椅，据说这是给从小去世的小孩留的座位。等上香点烛后，家中的男性从大到小开始轮流跪拜，然后由主人说："祖宗阿太，大家慢慢吃。"中途还要给那些盅子添两次酒，然后端上一盆饭，再喊："祖宗阿太，大家慢慢吃。"最后开始烧纸元宝、佛经等，分别烧给祖宗阿太和地基阿太。等佛经燃烧完而且全部熄灭后，男性主人再磕头九拜，吹灭蜡烛，端开三面凳子，收掉酒盅竹筷，至此，"拜阿太"算结束了。这一个祭拜阿太的仪式和过程，在每年的其他节日里也是差不多的。

"拜阿太"结束后，将刚才"拜阿太"时用过的菜肴重新热一下，就开始吃年夜饭了。旧时百姓生活条件差，一般的人家平时大鱼大肉很少见，只有年夜饭才会家家户户有鱼有肉。这一带的年夜饭，其中有几只菜是必不可少的，那就是块头肉、红烧鱼和肉里蛋。其中块头肉是用肋条肉切成四方略长的大块，整整齐齐地叠成一碗，红扑扑的猪皮一律向外，显得十分美观。中间杂以笋干或黄花菜，有的在顶上还有一点豆腐皮（腐竹）。这肉里蛋是整个的鸡蛋用肉卤烧成，一般与红烧肉同煮。旧时，这两碗菜在绝大多数人家，大都是摆摆样子的，叫"看肉""看蛋"，留着正月里待客人。有客人来时只是端进端出，一直要端到正月十五哩。有趣的是，正月里做客时若是有小孩嘴馋不知趣夹了这两碗里的肉和蛋吃，主人会心中不悦，但嘴上却说"但吃无妨"，而小孩的父母事后会对孩子"补补课"，教训他一番。大多主人家中会事后再在碗里添补一块肉以使不缺，因为主人往往留有烧好的"备肉"和"备蛋"呢。旧时有句俗话，叫"年三十的吃，年初一的穿"。意思是指年三十是一年当中最有得吃的日子。而年初一，旧时通行穿新衣，故成了最有得穿的日子了。

吃过年夜饭，家里的长辈开始给小辈们分"压岁钱"，这"压岁钱"用红纸头包着，旧时往往只有几角钱，后逐步发展到几元、几十元、几百元到现在的上千元。这包有钱的红包要放在枕头下面压过夜，称之"压岁"。然后，主妇在收拾干净的桌上放上花生、山核桃、甘蔗、瓜子等"消闲果儿"，一家人围坐在一起，吃吃谈谈，谈谈吃吃，在欢乐的气氛中守岁。主妇还要将孩子们年初一要穿的新衣服拿出来，放在孩子的床边桌上，并在孩子的枕头下放上几颗水果糖，让他在年初一一早醒来就可以吃，寓意一年从头甜起。除此之外，主妇还要开始捏粉，粉一般都是水粉，捏好后准备年初一早上用来做汤团。另外，在旧时还有种奇特的习俗，那就是家中孩子还小的，要用毛糙纸揩他嘴巴。原来，旧时年初一要讲吉利话，但小孩子不懂，有时有可能会随便乱说，但要毛糙纸揩过他的嘴巴，那就代表那嘴巴也不是嘴巴了，从而也就百无禁忌了。此俗在 20 世纪 60 年代初还流行，后来逐步废止。在年三十夜里，还有种"烧头香"的习俗，一些讲究人家半夜里还要专程去寺院里烧头香，据说烧过头香的人来年菩萨会给予保佑，故大户人家均备了厚礼去烧头香，争先恐后，争抢名头。

吃过年夜饭后，还有一个重要的任务，那就是"接灶"。民间相传：

灶神上天之后，向玉皇大帝汇报完工作，他就又要回来忠于职守。对于迎接灶家菩萨的回来，乡间普遍都十分重视，有着一个接灶仪式。

据民间相传：灶神上天之后，向玉皇大帝汇报完工作，到了年三十的后半夜，也就是大年初一的凌晨，他就又要回来忠于职守。对于灶家菩萨的回来，民间有着一个接灶仪式，这接灶仪式大都在年初一清晨举行，并且由这份人家的当家人来接。这天一早，当家人就早早地起来，拿出年前早就买好的新的灶神像，把蜡烛和香都点起来，再放上年糕（大多是元宝形状的）果品等上供。供过之后，就把那张新的灶神像贴在灶头上，再向灶神叩拜，让灶神保佑全家平安。叩拜完毕，再烧一点纸钱，仪式就算结束了。条件好的人家，接过灶神后开始开门放炮仗，俗称"开门炮"。这一民俗，如今基本如旧。一些花样淡出了，但一些花样却翻了新。最突出的变化是过年吃过年夜饭后同看央视春节文艺晚会，之后从午夜起各处争放烟花、鞭炮，其势恢宏无比，星空灿烂，震耳欲聋，直达凌晨，甚至延续到上午。

年三十夜睡下去，一觉醒来就是正月初一了，俗称"年初一"。旧俗年初一有很多讲究，这一天不能洗衣服，扫地要从门口往里扫，而且这一天不出门做客。早上起来，一身新衣、新裤、新袜子、新鞋子，有的还有新帽子，从头新到脚，真正体现了老古话中所说的"年初一的穿"。年初一早餐大多数人吃糖年糕，也有的吃白糖汤圆。这汤圆没馅心，很小，放些白糖，俗称"顺风圆"。吃好后，小辈向家中长辈拜完年，便到集镇上逛街，把那些昨天夜里得来的"压岁钱"拿出来派派用场。

从正月初二开始，该出门向亲戚们的长辈拜年了。出门拜年，在这一带称作"做客人"。通常是年初二拜娘舅、年初三拜丈母。接下去就是去其他长辈亲戚家一个个走动下去。去路远点的亲戚家，大多都划着小船出门，一般都会在亲戚家里呆上一天。但有的因为亲戚太多，往往是上午跑一家，下午又去别的村坊跑一家。"做客人"，充满着亲情，洋溢着热情。但你还别说，对大人来说，实在是太累。只有孩子们不怕累，他们刚到这一家，东西刚吃好又想别转头跑另一家了。出门拜年，要有看在眼里过年的礼物，旧时通行果子包。出门时手中必携一个或数个"果子包"又称"猢狲包"，这个包都是南货店里的老师傅用厚纸包成斧头形，故又称"斧头包"，在面上还有一张方形的红纸。包内一般均系酥糖、鸡蛋糕、麻片糖、桂圆、荔枝等物。从 20 世纪 70 年代开始，拜年用的传统果子包逐年减少，开始采用"双宝素""中国花粉""娃哈哈营养液"等滋补品。到了 80 年代之后，各种滋补品成了送礼的主力，一段时间还流行过"裱花蛋糕"。过年时，因为各家都要出去拜年，故那些礼品，往往今天你送到我家，明天我又送到他家，周则复始。曾有人家到最后那蛋糕打开来都出乌花了，吃不成了。唉，这都是那个时候贫穷所造成的。因为穷，送来的东西舍不得吃。一番轮回，最后都吃不得了。旧时，前来拜年的客人到了家里，主人必先泡一杯糖开水，乡间称"糖茶"，称之为"甜一甜"。有的人家糖茶是泡"镬糍汤"，是一种用糯米摊成的薄锅巴，是这一带出名的一种小点心。吃过糖茶后再泡绿茶或红茶。客人回家时，有小客人的还要给一点伴手礼，一般都是一支甘蔗。小客人像背枪一样，背在身上雄赳赳气昂昂地回去了。如果这小客人是初次到这家来做客，主人还要封几角钱的一个红纸包，境内称作"挂线钿"。现在，"拜年"之俗还在流行，但现在"拜年"的味已经越来越淡了，仅仅成了去亲戚好友家吃顿饭了，不少人甚至要到吃饭的时候才会匆匆提着礼品赶到……

正月初二俗称"小年朝"。初二晚上，一般都要拜太太，此举目前还有人家在照旧进行。境内在这天晚上焚烧纸钱时有"小年朝烘膝膊头（膝盖）"的习俗。说是小年朝烘了膝膊头，一年到头有得吃。现在有的人家简化了手续，在桌上放一些果品糕点供奉祖宗太太。

到了正月初五，旧说为"财神菩萨生日"，民间素有接"财神"之俗。旧时农村中对"财神菩萨"没有像对"灶家菩萨"一样重视，对

"接财神"之俗，也没有集镇上做生意的商家来得讲究。旧时，考究点的人家"接财神"要焚香点烛放炮仗，普通的人家放几个炮仗就算是财神接过了。改革开放后，随着乡间办企业、做生意的人开始增多，乡间的百姓对"接财神"也开始显得越来越重视了。年初五的凌晨直到早上，炮仗声此起彼落不绝于耳。近年来此风更是愈演愈烈，大众对赵公元帅（财神）的追捧热度有增无减，达到了空前的高度，震耳欲聋的鞭炮声响彻每一个角落，令人惊诧不已，频生厌烦。

春节期间最后的连片爆竹声，应该是年初八较集中的企业开业时间了。这一习俗在过去，一般也只是放几个炮仗，或加一串鞭炮，也就差不多了。但是，近年随着企业逐渐增加风气也是愈演愈烈。由于企业在年初八这一天开业的是多数，因此这一天早上8点左右即形成了一个鞭炮鸣放的高峰期。有的还要准时在年初八的8点零8分鸣放，寓意"发发发"。届时，万炮齐鸣，声震天地。加上近年所出产的一些连响花炮特别响，令人无不感到牛气冲天，盛气凌人。一些财大气粗的企业老板，为争面子、讲场面，也是争相效仿，乐此不疲。对于这种过分热衷于燃放爆竹、浪费资源、显摆阔气、污染环境的现象，政府已出台了禁放爆竹的政策。但其执行效果在城镇上比较好，而在乡下则比较差，有一些法制观念较薄弱的人依然如故，我行我素。

说过了春节，再来说说元宵节

旧时正月里乡间大部分百姓都是吃吃荡荡，忙着"做客人"而不干活。一晃半个月过去，正月半到了。旧时有"拜年拜到正月半"的俗语，意思是到了正月半，亲友们正月里来来往往的拜年活动就结束了。乡间俗语有"过了正月半，吃个墩头板"，意思是到了正月半，菜都吃完了，只剩下一个"墩头板"，没东西吃了。正月半就是元宵节，老底子又称"上元节"，但在这一带民间则习惯俗称为"正月半"。

正月半多数地区流行两大习俗，一是吃汤圆，二是观灯会。老底子将元宵称为灯节，长期以来流行在元宵期间办灯会。旧俗往往是在正月十三上灯，到正月十八落灯。并还有着"上灯圆子落灯糕"之说，意思是指上灯时要吃圆子，落灯时要吃年糕。在民国时期，临平镇上的灯会是十分热闹的，有抬阁、火流星、兔灯、鱼灯、花篮灯、走马灯、龙灯、狮灯及一些人物灯彩。灯会期间还会有组织地在北庙弄一带结队游行。在元宵期间，连临近一点的如亭趾一带的村民也会被镇上的灯会所吸引，会划着小船去临平观看灯会。

元宵期间，农村里一般是不办灯会的，但有一种舞龙灯的习俗。那些考究点的人家也会在自家门口挂灯，有自行制作的灯笼，也有从街上买来的灯笼。这些灯有走马灯、八角宫灯、本命年属相灯及大大小小的彩纸做的灯笼，挂在一起也显得十分热闹。在亭趾、五杭、博陆这三个小集镇上，那就更热闹了，那些做生意的商家往往会出资主办灯会。除此之外，他们还会邀请一些附近农村里的民间艺术表演队伍来集镇上巡演，有高跷、火狮、舞龙灯、跑马灯等。这些民间艺术队伍旧时大都以一个自然村为单位，其技艺代代相传。正月里，正好不用干农活，于是他们就在正月半的灯会活动中大展身手。他们从这个村舞到那个村，又从村里舞到集镇，一直要从上灯时起活动到落灯为止。那些在镇上开店的商家有的还会封个红包给他们，以示奖励。这些民间艺术，就这样一代代传承了下来，其火狮、高跷、舞龙灯一直传承到了现在，有不少项目还被收入了非物质文化遗产代表作名录。

正月半多数地方在饮食方面的习俗就是吃元宵了，这也叫吃汤团。老底子吃的汤团都是自家做的，粉用的是水磨粉。汤团有两种，一种有馅心（俗称"眼子"），一种没有馅心。有馅心的大都是黑芝麻白糖馅，称作"麻心"，是一种甜汤团。咸汤团旧时似乎不太有人家去做。吃那些没有馅心的汤团的时候会在碗里放点糖，故味道也是甜的，也许是象征着"甜甜蜜蜜"的寓意吧。

境内在"正月半"（元宵节）晚上几乎家家都要谢灶，即以香烛果品供奉在灶神像前。境内的亭趾、博陆、五杭三乡在这一天晚上传统的风俗是吃"乌子食",并且供奉灶神的食品也是这"乌子食"。这"乌子食"的做法是将年糕、豆腐、青菜(或黄芽菜)、粉丝等几种食料放在锅中一起煮熟并放入调料即可。这个元宵节吃"乌子食"的习俗仅流行在境内一带地方,听说外地个别地方也有,但叫法和做法略有不同。

接下去再来说"清明节"

"清明节"是一年之中第一个到来的"鬼节",虽说是"鬼节",但却极其隆重。旧时对"清明"极为讲究,民间有"清明大似年"之说法。

清明时节,这一带传统的习俗有祭祖、扫墓踏青、轧蚕花、到亲友家做客人等活动。在这些民俗活动中,特别是清明扫墓历史极其悠久,流传甚广,各地都盛行这一习俗。几乎是家家户户都得去自家祖宗的坟上扫墓。"扫墓",在这一带称作"上坟"。

上坟前,首先要在自己家中祭祖,请祖宗阿太,称作"拜阿太"。清明的"拜阿太"和过年时的"拜阿太"其程序是完全相同的,只是旧时因经济条件所限,菜肴没有过年时丰盛。现在经济条件好了,菜肴也不比过年时差了。清明"拜阿太",家中主要人员没特殊情况都要到场,焚香点烛后纷纷轮流叩拜。在家中请过、拜过之后,然后再去上坟,或者是择日上坟。上坟时,一般都要带上些鱼肉荤腥的菜肴,还有水果糕点、香烟老酒,并备蜡烛、锡箔折成的元宝、爆竹等物。到了坟上,先将供奉的食品摆好,再上香点烛,三拜九叩,同时在坟上锄草加土。最后,在坟边将那些锡箔折成的元宝烧掉,再放爆竹。烧元宝时,还要烧一些给山神土地,如果旁边还有其他坟时,也要去烧些元宝,意思是让已故的祖先们在地下邻里之间也要互相关照,和睦相处。上坟毕,便就地踏青,野餐,有的街上人上坟会去"坟亲"家里吃饭。自从实行殡葬改革后,现在基本上都是安葬在公墓了,野外的坟墓越来越少,不少老坟也都因征地而迁往公墓。所以,这一带"上坟"的习俗开始演变成了"扫墓",程序相对来说也更为简单了。

111

在"清明节"的众多民俗事项中，旧时最出名、最有影响的民俗活动当推"轧蚕花"了。

清明期间，还有个习俗值得说一说，那就是"做客人"。在这一带乡间，清明节期间，又得与"过年"时一样，亲朋间互相走动。当然，清明节期间"做客人"的日子没有像"过年"期间那么长，往往仅在清明节开始的几天，乡间有"头清明""二清明""三清明"之说。这"三清明"一过，"做客人"也就结束了。这清明节期间亲友走动习俗的由来，也是旧时这一带养蚕的习俗所带来的。老底子清明过后就要进入"蚕月"，开始养蚕了，而养蚕则要忙上整整一个月。旧时规矩，蚕月里是大门都要紧闭的，互相不往来。故人们在养蚕之前，趁着空闲亲友们先相互走动一下，清明节正好为这走动提供了时间节点。所以，凡是旧时流行养蚕的地方，都有"清明做客人"这一习俗，并一直流传至今。

再来说一下不在"八节"之中"立夏节"

"立夏"虽然没有被排进八大节日之中，但旧时民间对"立夏"还是相当重视的。因此在"立夏"到来之时，就有不少民俗活动在境内流行。所以，还是值得说一说。但这立夏似乎是个孩子们的节日，不少习俗都与他们有关。如"立夏称人""做立夏狗""烧野米饭"等，一个个都与孩子们有关。因此，行文至此，忽发奇想，"立夏节"无缘于"八节"，会不会就是与此有关？当然，这只是一个猜想罢了。

旧时一到立夏，有一种"称人"的习俗，称作"立夏称人"。这"立夏称人"一般来说都是称小人，称人时用一杆大秤，让孩童用手抓住秤钩，一个人提起来或两个人将秤杆抬起来，称一下这个孩童的重量。孩童若是还小，则放在竹筐中连竹筐一起称，再除掉竹筐的重量。这一习俗在乡间由来已久，据说"立夏"称过重量的孩童，一个夏天都不会"痓夏"。

说到"痓夏"，这是一种中医说法，又叫"苦夏"，是夏季的一种常见病。每当夏季，由于天暑下迫，地湿上蒸，人体内的湿热过重，脾胃、心肺一时无法适应和调整过来，从而就出现了浑身酸懒无力等症状。疰夏，常见人群为孩子，婴幼儿和儿童最容易疰夏。因为孩子们的中枢神经系统发育还不很完善，体温调节及汗液排泄功能远不如成人。一旦疰夏了，人会感觉疲倦无力、恶心胸闷、四肢无力、精神萎靡、持续低烧，白白胖胖、欢蹦乱跳的孩子一下子变得疲懒精瘦。为了预防孩子们疰夏，一到立夏这天，除了称人之外，家家户户都还会做些"立夏狗"给自家的孩子吃。因为人们认为狗十分强壮，孩子们吃了狗，就会像狗那样强壮，不会再"疰夏"了。这立夏狗是用米粉做的，人们用南瓜叶做青叫"绿头"，用老南瓜做红，使做好的立夏狗有不同色彩，很是好看。

其实，这吃"立夏狗"和预防"疰夏"并没有任何联系，这不过是人们的一种美好愿望罢了，谁不愿意自己家的孩子强壮呀。所以，此俗百余年来一直传承。直到现在，虽然大部分家庭都不会做了，但会做的人会在立夏前几天做大量的"立夏狗"上街去卖。故现在仍有不少家庭还在给孩子们在立夏节时吃"立夏狗"。

立夏当天，过去还有种"烧野米饭"的习俗。"烧野米饭"是一些稍微大一点的儿童的活动。是日，儿童们三五个一伙，各自背锅提碗，在野外搭锅煮饭。烧饭的米是孩子们在村坊里挨家挨户去派来的。派野米时，还要站在这户人家的门口，奶声奶气地带着节奏地唱上这么几句："今年搭侪讨点野米，明年还侪家米。"就这样来回重复着唱，屋里的主人听到孩子们的吟唱，会用碗盛一碗米端出来给他们。等米一家家派得差不多时，孩子们就开始往野外进发，并且一路上进行分工：你拾柴，我摘豆，他挖笋。这些蚕豆（或豌豆）和竹笋，都不在自家的地上摘和挖，而是要到人家地里去摘和挖，主人们见了也不会责怪，因为所需不多，且乡俗本就流行如此。等到豆和笋（还常会加入一种野生的"荞蒜"）全都搞定后，将豆与笋一起放入锅中加上油盐与米同煮。烧好

113

"野米饭"，大家就你一碗我一碗地站在野外吃了起来。据说，这"野米饭"是一定要在野外吃的，绝对不能端到家里去吃。境内在立夏节期间也有以"乌米饭"代替野米饭的习俗，说是吃了不惹"乌蚊（一种比蚊子更小的飞虫，乡间极多)"。这"乌米饭"是用一种树叶的汁水同煮而成。

除此之外，立夏期间还有一种时令食品，称作"立夏饼"，乡间有立夏节吃立夏饼的习俗。立夏饼是一种糕饼，个头很小，比一个五分头的硬币稍大一点，一般都是6只一筒。立夏饼旧时均由糕饼作坊生产，论筒卖，由于有"立夏吃立夏饼"这一习俗，故"立夏饼"在立夏节前销路很好，乡民们大都要去镇上买些立夏饼，用来自吃和送人。

接下去便要说第三个人节"端午节"了

说起端午节，人们想到的往往是划龙船、吃粽子，甚至网上还有人调侃，把端午节说成是"粽子节"。其实，端午节的民俗活动多着呢，在这一带，最重要的端午节民俗事项就是挂菖蒲、吃五黄。

旧时将农历五月、六月称之为"五黄六月"，意思是指一年中最热的两个月。进入农历五月，阴阳之气相争，阴气胜出，邪祟、鬼魅、百毒、瘟疫都随着气温转热和酷暑的到来而慢慢地从苏醒发展到猖獗。于是五月又称为"毒月"或"恶月"，因此人们要用各种方式来攘灾避恶。农历五月，气候温热多雨，有时还会乍暖还寒，有俗谚称"吃了端午粽，还要冻三冻"。所以在古代，也称五月为"郁蒸"，意思是指这个月气压低、湿度大、气温高。

五月五日，又称"重五"，相传为九毒日之首。故到了这一天，为了避邪，乡间流行在大门上挂菖蒲、艾叶和燃熏苍术、白芷，有消毒、驱虫的用意。有的还在门上贴道士所送的黄纸符，在花瓶中插石榴花，在中堂悬钟馗画像。所有这一切，都是为了驱邪祛病，保一家平安。如今，此俗越来越简，人们只是会在此日在大门上悬挂菖蒲、艾草，用以避邪。

这一天，还有给小孩子画"王老虎"的习俗。由于小孩子的抵抗力差，故到了这一天，在正午之前，都要在小孩子的额角头上用雄黄写上一个"王"字，俗称"王老虎"。这个"王"字一写，有点老虎额头的皱纹模样，沾点老虎的威势，藉以扶正驱邪。这一天还流行挂香袋。香袋用布缝成，内装散发香味的中药，外面还绣上图案，很是好看，有的人甚至把香袋做成了工艺品。小孩子的脖子上都佩挂着五颜六色的香囊和香袋，用以避邪祛恶。在端午到来之前，还要提前去给小孩子剃个头。因为旧俗在整个农历五月中，小孩子的头是不能去剃的。

端午还流行"吃五黄"，这是这一天独特的饮食习俗。"吃五黄"中的"五黄"，指的是黄瓜、黄鱼、黄鳝、咸蛋黄和雄黄酒。神话故事《白蛇传》中许仙和白娘子的故事就发生在端午这一天。白娘子正是因为吃了雄黄酒，所以才现出本相，吓坏了许仙。端午这一天，人们还用雄黄来炒老蚕豆，称"雄黄豆"。后来据说雄黄有一定的毒性，故人们把"五黄"中的"雄黄酒"换成了"黄酒"，也算得是一"黄"。

端午节，还有个独特的习俗值得一说。旧时，还有给小孩吃"蜘蛛煨蛋"之俗。即在生鸡蛋上打个小孔，然后放入一只刚抓来的蜘蛛，封口后放在炭火中煨熟，再剥开后给小孩吃。据说，吃了蜘蛛煨蛋后，有以毒攻毒的作用，小孩在整个五月就会百毒不侵。

端午节，这一带旧时家家户户都流行包粽子，有"端午吃粽子"的习俗。现在，"端午吃粽子"之俗还在流行，但大部分人家自己包粽子嫌麻烦，都是买来吃了。而且，现在端午期间的粽子成了民俗产品，商家就此脑筋动足，品种越来越多。旧时，这一带自包的粽子，差不多就是白粽子、赤豆粽子、枣子粽子、细沙粽子和肉粽子这几种。而现在呢，什么蛋黄粽、海鲜粽，甚至还出现了水果粽，细数下来，估计有几十种了吧。

再来说一个"八节"之外的"七夕节"

农历七月初七称作"七夕"，旧时又称之为"乞巧节"。这"七夕"

节虽然也是个传统节日，但这是个小节，况且受众面不大，似乎这个节日只与年轻女子相关，而且这个节的时间也特别，仅指这一天的晚上。所以，这"七夕"又被认为是"女儿节"。相传在老底子，这一天晚上，未婚少女都要在月光下穿针引线向天上的织女乞巧，据说此举有可能会得到织女的指点，使之能有一手"女红"（纺织及针线缝制技能）的绝活。旧时的姑娘都习"女红"，故这一天的晚上成了她们的节日，姑娘们竞相在月光下乞巧。

其实，"七夕"节的出名应该说是得益于《牛郎织女》这个美丽的传说。相传，天上的织女下凡与人间的牛郎相爱，两人生儿育女，男耕女织，生活美满。谁知天上的王母娘娘知道后竟把织女抓回天上，牛郎挑着一双儿女赶到天空，却被狠心的王母娘娘拔出头上的金钗，划出一条银河，阻隔了牛郎和织女相会。但两人你思我念，感动了天上的喜鹊。由此每年的七月七日，一大批喜鹊会从四面八方飞来，在银河上搭成一座鹊桥，供牛郎织女这对有情人跨越银河相会。

正因为有了这个美丽的传说，所以到了这一天的晚上，老底子乘风凉时老人们就会向孩子们讲述这个"鹊桥相会"的动人故事。也正是因为有了这个美丽的传说，近年来，在商家的大力推动下，"七夕"节已逐步成为中国的"情人节"。每逢农历七月初七，商家会针对年轻人推出各类活动，从而使越来越多的年轻人开始对"七夕"节感兴趣。

再来说说一年中的第二大鬼节"中元节"

农历七月十五为"中元节"，是我国传统的八大节日中的一个。对于"中元节"，我们这一带民间都称之为"七月半"。这"七月半"是个汉民族规模最大的"鬼节"，这一带民众对"七月半"极为重视。民间相传，"七月半"的前后几天，地狱的大门打开，阎王会让里面的全部鬼魂回到阳间，那些有子孙的会回到自己的家里接受香火供养，而那些没子孙的则会在大街小巷游荡寻找食物。因此，每到七月半，家家户户都要给自家去世的长辈摆酒、烧纸祭祀。

其时，乡村中流行家家户户又要"拜阿太"。这"七月半"的"拜阿太"和"清明"时的"拜阿太"相似，一般都是在这个节日前几天中进行，乡间称作"过七月半"。一般来说都是提前几天"过七月半"的，即就是在"七月半"到来之前的几天来举行"拜阿太"仪式。实在没有时间者也可过了七月半再举行，但不能超过七月十八。民间认为，七月十八那天，那些放出来的鬼魂又让阎王给收回去了，所以供的物品吃不到，烧的纸钱也拿不到了。

旧时的七月半，是一个最热闹的鬼节，民国时在此期间流行庙会，由一些富户和商家出资，共同祭祀那些无家可归的野鬼。在庙会期间，还流行一种"放河灯"的习俗。那些"河灯"由彩纸做成，中间点上蜡烛，大都制成荷花形状，故又名"荷花灯"。这些河灯的底部，在制作时浸在化开的蜡烛油里，在蜡烛油尚未凝固时往沙子上一粘，使底部粘上些许沙子，增加了重量，不易被风吹翻。到了七月十五的晚上，人们将河灯点上了蜡烛，将灯放入河中，任由漂荡，以此祭祀先人。

直到民国为止，七月十五一直是全年中人们最为重视的鬼节，热闹程度也最大。新中国成立后，此俗仍在延续。但到了"文化大革命"中，此俗因破除迷信而被禁止。改革开放后，此民俗虽重新恢复，但其热闹程度比以前下降太多。主要是不再有商家出资来赞助搞七月半庙会。这庙会活动不搞了，"放河灯"习俗也随之绝迹。现在民间过"七月半"，仅限于在自己家中拜阿太和烧纸钱祭祀。当然，大家都会同时多烧一点，给过路的孤魂野鬼使用。

需要补充说明的是，七月半既称"中元节"，亦称"盂兰盆节"。中元节归属于道教，盂兰盆节归属于佛教。"盂兰盆节"的相关故事起源于佛经《盂兰盆经》，比较有影响力的当属戏剧《目连救母》。依照佛家的说法，农历七月十五日这天，佛教徒举行"盂兰盆法会"供奉佛祖和僧人，济度六道苦难，以及报谢父母长养慈爱之恩。当然，无论道教还是佛教，七月半属于鬼节这一点是一致的。

一个值得一提的小节，七月三十

农历七月三十相传为"地藏王菩萨生日"。这个节日虽说是全年民俗活动中的一个小节，但在旧时却是一个十分热闹的节日。因为这一天的晚上民间普遍流行一种"点地香"的习俗，家家户户在自己门前门后的空地上插上点燃的棒香，十分热闹。这个"点地香"的习俗，又叫"插棒香"。对于"点地香"，民间有多种说法，一说是"地藏香"是祀地藏王；另一说是"救世香"，也有一说叫"狗屎香"。

农历七月三十夜，若遇小月，则在二十九那天充作三十。据传，这一夜是地藏王菩萨的生日。平时地藏王菩萨的双目都是闭上的，只有在这一天夜里人间有人插上地藏香后，他方才会开眼。这个地藏王菩萨相传是管阴界的，于是一到这天晚上，家家户户就会在屋檐下、窗台上、道路边插上点燃的香、烛或烧一些纸钱。一来保佑全家大小平平安安，二来祭祀一下地藏王菩萨，以保佑逝去的先人在菩萨的关照下在天堂过得快乐。这一天晚上，最好奇的是各家的小孩子了，他们手拉手穿街过巷去看热闹。第二天早上，他们收集地上残留的小棒，在小伙伴中玩"挑棒香"的游戏。

一年中的第四大人节"中秋"节

八月十五为中秋节，俗称"八月半"。旧时出外做生意的人家这一天都要赶回家，全家团圆。中秋节，家家户户有吃月饼的习俗。月饼是圆的，象征着全家团团圆圆之意。月饼的做法在历代有苏式和广式两种，旧时以苏式月饼为主，近十余年来广式开始占了上风。月饼中的馅子也名目繁多，甜的、咸的、鲜肉的、椒盐的、水果的，应有尽有。值得一提的是，运河街道亭趾供销食品厂生产的月饼多年来一直声名远扬，在临平、余杭两区及桐乡、海宁一带有较高的知名度，还被列入了区级的"非物质文化遗产代表作保护名录"。

中秋节时流行一种"拜节"的习俗。在中秋节到来之前，小辈还得给长辈去"拜节"，通常是女婿给岳父、岳母拜节，干儿子、干女儿给干爹、干娘拜节，外甥、外甥女给娘舅、干爷拜节。拜节的礼品除了月饼是不可缺少的外，另外还要附带一些补品，以四样为最常见。由于八月半的"拜节"礼品月饼是主体，故民间又将八月半的"拜节"说成是"送月饼"。

在旧时，定下亲的"毛脚女婿"头一趟上门去女方家，往往会选择八月半这个节日。头趟上门的"毛脚女婿"的礼品中，除了月饼和其他补品外，还需有一只金华火腿。

旧时的八月半，在这一带还有一种"供月亮"的习俗。这一天的夜晚，待月亮慢慢升起时，大家各自在自家天井里或大门口摆上一只小方桌，上面摆上月饼、水果等几样供品，水果以时令水果柿子和石榴为主，境内往往还供有几支甘蔗，再点上几支清香和一对蜡烛，用来供奉"月亮菩萨"。面对一轮皓月，一家老小拜上几拜，不一会儿，就开始分享供过月亮的月饼了。

再来说说重阳节，一年中最后一个人节

农历九月初九为重阳节，又称"重九"。是日，旧时流行登高，但运河街道无山，附近的临平山也不高，故旧时那些读书人往往会去超山登高，因为在整个临平一带，超山是最高的一座山了。

在重阳节，还流行吃一种应时糕点，叫"重阳糕"。"重阳糕"又叫"栗糕"，系用糯米粉制成，上面嵌有新上市的栗子碎片，撒上红丝绿丝，还插有一面小的两边带狗牙齿的三角彩旗。"重阳糕"历史也相当悠久，每逢重阳节前，必有商家制作。

旧时，在境内农村一带，重阳节习俗淡薄，过重阳节似乎就是"吃栗糕"。2013 年 7 月 1 日实施的《老年人权益保障法》将农历九月初九日定为"老年节"，同年的重阳节也成为中国首个法定的老年（人）节。自定为"老年节"后，重阳节开始得到重视，各地的村委和居委会都有一些相应的敬老活动，在重阳节前后开展。

关帝出庙会   尤源海　画

一年中最后一个节日冬至

"冬至"和"清明"一样，既是个节气，又是个节日。"冬至"又称"冬节"，是乡民们极为重视的大节日，有俗谚"冬至大如年"为证。冬至的前一夜，乡民们称"冬至夜"，讲究吃。冬至日一般流行吃鸡，吃童子鸡。由于这一天夜里时间最长，故有民谚："有得吃吃一夜，呒没吃睏一夜"之说。本地俗语也有"冬日进补，春日打虎"的说法，不少讲究养生的人（尤其是老年人）从冬至这一天就开始进补。我国传统中医所推崇的膏方，即是人们冬季进补的首选。这里应附带说一下，境内更有不少人家信奉"立冬日吃鸡补一补"之说。就是说，冬季进补，最早从立冬就开始了。

冬至这一天的午夜，不仅只是昼夜时间长短转换的节点，更是一年天地气象中阴气和阳气转换的时间节点。俗话说"冬至一阳生"，即是指冬至这一天半夜里亥子相交时是一年中阴气之极、阳气初生的转换节点（与之相对应的节气即是上半年的春分）。旧时人们还用来预测过年时气象，有"干净冬至邋遢年，邋遢冬至晴过年"之说。嗳，你还别说，这种预测往往灵验得很，不得不佩服老祖宗的智慧。

旧时，冬至还有上坟习俗，冬至上坟主要是给老坟添土。如需要迁坟，往往也会选择在冬至前后进行。近年来，冬至上坟更为兴盛，尤以新坟更受重视。

四时八节，演绎着一年中一幕幕热热闹闹又充满民族特色、地方特色的民俗文明，展现了一幅幅民间风情的精彩画卷。若是将这四时八节的画卷组合在一起，将是一幅充分反映当地习俗的民俗长卷。

生活处处有习俗

有道是"一方水土养一方人"。一个地方的百姓其在日常生活中所形成的一些固定的生活方式，是和这个地方的水土有着很大关系的。正如北方人喜麦食、南方人喜米饭、四川人喜辣、无锡人喜甜一样，每个地方都各有其喜好的饮食习俗。除此之外，如服饰、居住、出行等方方面面与生活息息相关的习俗都有着一方水土的烙印，从而形成了一个地方的生活习俗。

所谓生活习俗，其实是一种祖祖辈辈历代所沿习的生活方式。运河街道一带是典型的江南水乡，这一带百姓的生活习俗也带上了浓浓的水乡烙印。不少习俗是祖祖辈辈一直沿传下来的。但随着时代的变化，社会的进步，这些祖祖辈辈沿习下来的习俗也不断地有所变化。有的习俗还在，但已经被赋予了新的内容；也有的已慢慢淡出了人们的视野；还有的是产生了某些新的习俗。从某种程度上来说，时代的演变和社会的进步，推进了人们生活方式的改变，同样也促使了传统习俗的变革，使这一带百姓的生活习俗在传承中有发展，并有着新的时代所带来的印迹。

生活习俗中的饮食习俗，我们在其他单节中已谈及，故在这里我们说说其他的一些生活习俗。

先来说说服饰吧

服饰是用于穿戴和装饰人体的各种物品的一种总称。服饰起源于原始社会，最早的时候服饰是人们用来驱寒保暖、遮羞挡私的。随着时代的发展，服饰除保留它最初的功能外，还逐步朝着美观的方向发展，并形成了一系列颇具时代特征的服饰。仅在我国的汉民族，其代表性的服装就有汉服、唐装、旗袍等。若是从世界范围来说，那更是林林总总，无法细述了。我国历史上传承着的灿烂悠久的服饰文化，至今还在普遍地传承，并随着时代的发展，加入了花样各异的新元素。

服饰，可以说从它的身上演绎着时代的变迁；服饰，也可以说在它那里记录着历史的痕迹。服饰习俗应该说是所有生活习俗中变化最快的一种了。在旧时，运河街道范围这一带乡间村民的服饰应该说还是比较单调的。同性之间，特别是男性的服饰大致相仿，色泽也比较单一。几乎就是蓝、黑、灰、白、青，加上印花布（乡间称"交花布"，也就是"蓝印花布"）这几种，唯有年青（少）女子的服饰稍见鲜艳一些。可现在却大不相同了，人们的服饰可称得上是千变万化，名堂越来越多。现时的服饰几乎每天都有着新名堂，变得实在太快，令人眼花缭乱、目不暇接。因此，这里只能以介绍旧时的服饰习俗为主。

旧时，这一带农村乡民一年四季都是上身以穿短衫（袄）为主，下

十二月里做衣忙   尤源海　画

身穿一种宽大的裤子。因为裤的腰身宽大，穿时需叠起来，故乡间称"叠叠裤"。在那些上身的衣衫中，不论男女，又可分为大襟短衫和对襟短衫。一般来说，老年人喜欢穿大襟短衫，大襟的襟从领口向右边再往下延伸，纽扣全在右边；而年轻人则都喜欢穿对襟，对襟的襟在领口中间，从中间往下延伸，纽扣则在中间。无论是大襟还是对襟，它们的纽扣全是"葡萄扣"，一种用布片折叠并编结出类似葡萄模样的扣子。这葡萄扣在男性服装上非常单一，但用在女性服装上就变化万千了。特别是年轻女性的服装，她们服装上的纽扣虽然也是葡萄扣，但其样式上的变化，可达几十种之多，从细节上达到美化服饰的效果。旧时到了夏日，男性乡民还喜欢穿一种名叫"夏布衫"的短衫。穿了这种"夏布衫"，身上出了汗不会粘牢，便于发汗，而且还凉爽易干。而那些比较有钱的人家夏季则喜穿丝绸服装。有一种用玄色香云纱织成的衫子做成的服装由于利汗，故颇受人们喜爱，乡间称"拷皮衫"。

旧时（民国时期为多）男人也有穿大襟（向右侧开襟）长衫（俗称"袍子"）的。但穿长衫的比穿短衫的要少得多，城镇上穿长衫的人比乡村更多一些。一般来说，长衫是有身份的人所穿，如一些官僚、绅士、文化人等。再说，穿长衫不便于劳作，普通体力劳动者即使有条件，也不会穿长衫的。

旧时这一带乡民的服装大都以土布为面料，土布大多是自家织的。织好的土布请染坊店里去染上颜色或花纹就成了服装面料，然后请个裁缝师傅来屋里做出各种需要的服装。请裁缝，一般都在年底，因为这一带有过年穿新衣的习俗。裁缝师傅上门做衣裳，东家要负责中餐和晚餐两餐饭，乡间称作"供裁缝"。过去的老式裁缝师傅基本上都是男性，他们都是手工一针一线来缝制衣服，每天一般只能做一件左右衣服。大约到了20世纪60年代后期出现了缝纫机，女性裁缝师傅开始出现并越来越多。一些年轻的裁缝师傅开始用缝纫机来缝制衣服，速度就快多了。当然，乡间也有些巧妇，她们自己动手，一家老小所需的服装（包

勤俭治家　　　　　　　　　　　　　　　　　　　　尤源海　画

括鞋子），全都是自己不厌其烦地一针一线手工缝成。旧时一般的乡民因经济条件限制，一年到头很少添衣裤，大多是在年底才会做一套新衣裳，称"过年衣裳"。一件衣服往往要穿多年，有"新三年，旧三年，缝缝补补又三年"之俗语。家中孩子多的，往往一件衣服哥哥穿不下（嫌小）了再给弟弟穿，故乡间又有"新阿大、旧阿二、补阿三"之说，因为轮到老三来穿这件衣服时，已经到处都是补丁了。解放后，随着生活条件的改善，特别是 20 世纪 80 年代实行计划生育后，大部分家庭都只有一个孩子，孩子穿不下的衣服哪怕是新的，下面也没有弟妹来穿了，故此俗早已绝迹。令人感到有趣的是，现在由于年轻人服饰变得太快，那些被"淘汰"下来的衣服大都穿在了家中老年人身上。这一习俗影响了老年人，让不少老年人也渐趋"新潮"，与时俱进。不过，其中也包含着老年人长期以来节衣缩食所形成的根深蒂固的爱惜旧物、舍不得丢弃的"节约"观念在内。

新中国成立以后，服饰开始变化，特别是乡村的一些干部和年轻人，他们的服装带头起了变化，开始逐步流行穿列宁装、中山装。到了20世纪70年代，乡间年轻人几乎全都不穿大襟和对襟的传统服装了，清一色地以中山装为主，也有一部分流行穿部队战士的绿军装。同时，裤子也开始改成了西裤，那种传统的"叠叠裤"已十分罕见。改革开放后，穿中山装的人渐渐减少，穿西装的日益增多，夹克衫和休闲服装开始流行。与此同时，大襟服装逐步退出，只有些年纪大的老太太还偶尔穿。现时，服式则显得五花八门，西式、中式，称得上是中西结合，特别是一些年轻女性的服装，更是多姿多彩，应有尽有。过去在服饰上的那些老幼之别和城乡之别，现在已经日见淡薄。

服饰中值得一提的还有"校服"。现在的学校，无论是小学还是中学，入学的学生统一穿学校的校服。这些校服设计精美，样式统一，每个学校之间还都有着明显的区别，成为一道靓丽的风景线。更为好玩的是，当孩子们离开学校，不愿再穿这校服时，由于校服质量好，家中的长辈丢掉嫌可惜，故拿来穿在自己身上。当然，这些穿孩子校服的长辈，几乎清一色是爷爷奶奶辈的。

说到了服饰，还有几种特殊的服装值得一说。这种服装没有衣袖也没有后背，说它是服装实在勉强，因为它其实只是一块布，一块仅仅只遮住了胸口的布。这种奇特的服装，就是民间所俗称的"肚兜"。它，仅仅只兜住了肚子。

过去的肚兜，一般均为小孩子专用。《哪吒闹海》故事的主角哪吒，是文艺作品中穿肚兜的最典型形象。在夏天，由于穿衣太热，大人（男人）可以赤膊。但小人赤膊时，因他们抵抗力差，又恐肚脐眼外露感受风寒，故特地在其肚皮上系一个肚兜，这样又清凉，又不会使肚脐眼着凉。在旧时，常见的肚兜以菱形为多，色彩以红色为多，有单层也有夹层。肚兜一般来说都是自制，在肚兜的中间一般都绣上一些花鸟图案，这些图案大都是女主人自己手工绣制。肚兜上角一般以布圈套在颈项上。在肚兜的左右两角，则分别有着两根布带，用以将肚兜系在身上。

现时，肚兜已不再是孩子们的专利，一些年轻爱美的姑娘夏季也流行起了肚兜，与孩子们别起了苗头。当然，她们的肚兜可不是自行缝制，而是那些时装公司设计制作的了。

旧时儿童（特别是婴幼儿）常戴有夹层沿边的"围脖"，这在境内也俗称"绑绑衣"。"围脖"的作用是为了在喂食小孩时不至于把食物掉下来弄脏衣物。围脖虽然是小小的一块，但大多做工精巧，花样各异，颇显童趣。一般的围脖上端分两边沿衣领向后至后领用揿纽开合，中部两面分别系一条粗线至后腰打结。

旧时也常有人穿裙子，这比较多见于妇女，特别是中老年妇女。中老年妇女一般穿的都是玄色裙子，而小女孩和年轻女性穿的是花裙子。男人穿裙子的情况比较少见，大多是在劳作时为避免弄脏衣裤而穿一条围裙。这种劳作时穿的围裙往往在下端的中间开衩，颜色以浅蓝色为多。

穿鞋戴帽，也是服饰的一个重要组成部分。旧时在城镇，有专门的鞋帽店供应各式鞋帽。在农村，也有鞋匠师傅提供相应的服务。但在这一带农村，旧时，村民们所穿的鞋子基本上都是由家中的妇女自制，大都流行穿小沿口布底鞋和布面皮底鞋。这布面皮底鞋的皮底需要去叫专业的鞋匠师傅来钉，自己一般不太钉得好。这些鞋子的底都是一层层布叠起来后用线一针针纳成的。做鞋底很费工，境内俗称"撮底"，旧时有"千层底""百纳底"之说。鞋帮也是重叠两三层布，是用麦粉浆糊糊成的。糊鞋帮俗称"糊布粕"，罩面的一层要用玄色新布。糊好后要贴在平整的木板上晒干，晒干后再依照鞋样落料。20世纪60年代曾一度流行"敷底鞋子"（即鞋底宽出鞋帮约半公分），在年轻人中还比较时髦。当时的成年男子干农活时大都穿草鞋，有的也穿蒲鞋，草鞋和蒲鞋都是农家用稻草打成。到了冬天，则流行穿棉鞋，棉鞋的鞋帮是有夹心的，里面夹着棉花絮，然后将两块帮合拢制成鞋面，中有拼缝，故俗称"蚌壳头棉鞋"。当然，夏秋季节，不少人多会打赤脚，不穿鞋子。

这种情况在干农活或踏在肥水充盈的地上时很容易造成一种"惹肥"的症状，以致脚部（特别是脚趾间）奇痒、红肿。

在鞋子中，男鞋的颜色相对比较单一，基本上以黑色、藏青两色为主调；而女鞋则显得色彩纷呈，红、蓝、绿、紫各领风骚，其料子也有布面、缎面和呢面之分。那些年轻的女性，则流行穿"绣花鞋"，那"绣花鞋"的鞋帮上绣着各式各样的花卉图案，因此而得名。"绣花鞋"上的花卉图案是有许多不同样板的，多是吉祥图案，乡间称"鞋头花样"，姑娘和少妇们将这"花样"描在鞋布上，然后一针一针地绣出图案来。旧时姑娘出嫁，是非得穿上红颜色的花鞋不可的。旧时专为小孩做的鞋子鞋头上的花样别有童趣，若是小男孩过周岁常特制"老虎鞋"，俗称"周岁鞋"。其鞋头的花样上中间绣有一个精致的"王"字，整个图案大多是用橙黄色的丝线绣成。

套鞋、球鞋在民国期间开始在境内出现。20世纪50年代前后流行到境内乡村。在套鞋和球鞋流行之前，有一种雨天穿用的硬质鞋叫"钉

鞋匠店   尤源海　画

鞋"。"钉鞋"的鞋底有许多个突出的硬钉，用以防滑，因旧时多为泥路。俗话说："有了钉鞋伞，勿怕天下反。"那时有钉鞋的人家很少，经济条件比较优裕的人家才会置用。乡间人一般在下雨天也较少外出。值得说一说的是，上世纪五六十年代，境内集镇上在夏天家中多流行穿一种木拖鞋，时人戏称之为"木的笃"。"木的笃"的得名大概是走起来有"的笃的笃"的声音之故。"木的笃"的做法极其简单，只要用一块稍厚的木板按鞋形锯好后，再剪一段皮带在前部钉上即可。但穿这"木的笃"走路必须小心谨慎，因此大多是较大一点的男孩和青年人穿用。60 年代后期出现了塑料拖鞋和塑料凉鞋后，这种"木的笃"就一下子全部"退休"了。

旧时夏天不穿袜子，只有冬天天冷了才穿袜，袜子大多是长筒纱袜。而在民国以前，纱袜还没有工厂生产，一般在冬天只能穿布袜或用"绑腿"了。裹小脚的妇女则用长长的裹脚布，有的在裹脚布外面再穿袜子。妇女大多要十天半月才洗一次脚，进入民国后，有的在裹脚布外面再穿上纱袜。短袜是"文化大革命"期间和改革开放前才开始流行的，适宜在夏天穿用，一般配以皮鞋。现在，短袜的质地和花色各异，以适应不同人群的各种需要。旧时的纱袜底部穿破了，往往有妇女会在袜底内外各加一层布再密密层层地缝妥帖，俗称"拍袜底"。"拍"好袜底的袜子又能穿很长一段时间，就像又买了一双新袜子。

在旧时，夏天出门劳动时都流行戴草帽，草帽系用麦草编成，本地乡民不会编，都出钱买成品。下雨天还戴一种笠帽，与蓑衣配套。笠帽也叫箬帽、箬笠，用箬竹和箬叶做成，境内都到日杂店（瓷席部）购置。蓑衣全是用棕做成，旧时有专业蓑衣匠走村串户上门制作。境内亭趾褚家坝村有"蓑衣坝"地名，即因该地村民一直从事蓑衣制作而得名。到了冬天，男性老年村民头上大都戴罗宋帽，这罗宋帽有两层，翻下来可遮到颈部，仅露出眼睛和嘴巴。老年妇女通行绒布或毛线织成的老人帽，那些绒布老人帽很有特点，它只是两边左右各一块，中间是没有顶的。在各种帽子中，旧时只有童帽花样稍微多一点，有虎头帽、兔儿帽等。

解放后，鞋帽变化日新月异，难以尽述。鞋子出现了松紧鞋，后又出现了胶鞋、皮鞋。现在多以胶鞋、旅游鞋、皮鞋为主，品种多得令人眼花缭乱。现时也有人返朴归真，喜欢布鞋。帽子则花样更多，有八角帽、工人帽、旅游帽、太阳帽、新疆帽等。近来爱美的女性又有人戴一种假辫帽，帽上还有假辫子，令人真假难辨。在这里，值得一提的是旅游帽。现在条件好了，旅游成了休闲的一部分，一年到头，大多数人都会出门旅游数次。出门旅游，这一带还是以旅行社组织为主，这些旅行社会给参加旅游的旅客发一顶印有该旅行社标志的旅行帽，即一种只有帽檐和帽帮而没有帽顶的帽子。一般的年轻人，这种帽子旅游回来也就扔了；但一些年纪大的人舍不得丢，于是这种旅行帽就成了他们平时常戴的帽子。

服装衣物穿戴一段时间后，脏了就需要洗涤。这洗涤，就得用肥皂。可肥皂是在西欧工业生产发展后的 1860 年前后才从国外进入中国市场的。那么，在这之前，没有现在人们所用的洗涤用品，人们是用什么来洗衣物的呢？那时大多是用植物的汁液来洗的，世界上各地都有类似的植物。黄河流域有一种"皂荚树"的果实汁液可以用来洗涤衣物。但长江流域没有皂荚树，却发现了一种树的果实也能洗衣服，但这果实比皂荚要更为肥厚丰腴，所以给他取名叫"肥皂子"，也叫"肥皂果"。之后肥皂进入中国，也就借用了这个现成的名字。用了"洋肥皂"方便又有效，大家就不用植物汁液了。另一种槿树叶的汁液，妇女们一直用来洗头，旧时很常见，在老一辈妇女们心中尚留有很深的记忆。用植物汁液洗涤，既省成本又环保，更不伤身体，可是现今却全被化学洗涤用品代替了。

服饰中还有一种是"佩戴"。"佩戴"指的是身上佩戴的饰物，有"头饰""项饰""手饰""足饰"和"胸饰"之分。旧时有银匠师傅，就是专门为顾客加工各种金银饰品的。

头饰以女子使用为主。女人爱美，古有"女为悦己者容"之语，就是说女人爱打扮，是为了让心爱的人欢喜。因此女人大都喜欢头上佩戴些饰物。旧时最简单、最普通的头饰是用红头绳扎辫子，或用红绸扎一个蝴蝶结。其次是以插花为主，花有的是丝绸扎成的绢花，有的干脆就用真花。用真花的话，春天最多的是戴荠菜花，有俗语"三月三，头戴荠花菜"之说，在境内很是流行。清明节到超山，回来就戴一朵映山红花。夏天则插石榴花或玉兰花。冬天有"梅花妆"，戏曲中有见，但境内未见流行。妇女的头上还佩戴发夹，发夹花式繁多，旧时材质以金质和银质为主，品种十分丰富。境内流行最多的是银钗针。银钗针状似"U"型，长2市寸左右，两端稍尖，是成年妇女梳头后扎在后脑部发束上用以固定发束的，每个发髻都要插上4~5只银钗针。同时，发髻后端还需横着别一支簪（本地叫"挽儿"），簪有骨质的，也有玉质的、银质的。《碧玉簪》故事中李秀英的簪就是绿玉质的。以前的妇女每人都有一只精巧的梳头篮（出嫁时嫁妆中的主件之一），篮中放以大小镜子、粉扑、大小木梳、红头绳、钗针、胭脂、油揎等各种梳妆用品。每天早上认真梳妆打扮是妇女的必修课。若是逢有重大活动，则更是不厌其烦。姑娘出嫁前，一般与母亲拼用一只梳头篮。还有一种是耳环，旧时女孩子10岁左右就开始在耳朵下端耳垂上打孔，为成人时戴耳环（俗称"箍儿"）奠定基础。个别家中较宠爱的男孩有时也会戴一个耳环。常见的耳环大多是金的，有耳钉、耳环之分。现时女人的头饰更加丰富多彩，美不胜收。还盛行戴假发套、假辫子等，其耳环的变化更是令人咋舌，不但是材质上的变化，更多的是形式上的变化。常见少数民族中有的耳环简直大得像吊环了，但这种情况境内不多见。但是，很奇怪，现在用金、银来制作发夹的似乎不太常见了。

项饰，少数民族更为重视，不仅妇女戴，男子也有戴的，更以儿童和青年人居多。旧时境内年轻者戴项饰亦多，大多为项链，也有项圈。

银质为多，亦有玉质、金质或珍珠所串成的。近年来，青年男性中也有挂金项链者，其所挂的项链较粗，以显阔气。而女性所挂的项链大多较细。现在，儿童的饰物差不多还有传统的样式，但女人的项饰则是更加丰富多彩，除了传统的金银饰物外，现在还有一种绳饰，则用五彩丝线织成各种图案充当项链，甚至还有贝壳项链，玉节项链等。

胸饰，实际上是项饰的延续，旧时常见于妇女和儿童。小孩子出生后长辈要给他脖子上戴上长命锁、银项圈，以示金贵、长寿，而且还有避邪的意思在内。成年女子流行戴项链，项链有金项链、银项链和珍珠项链之分，有的在项链下面还挂有一个坠子。这个坠子的材质有金有银，还有的是玉，坠子往往制成各种形状，有的还雕上图案。童男童女挂锁坠的较为常见。如《红楼梦》里贾宝玉所挂的锁上有"莫失莫忘，仙寿恒昌"8字，薛宝钗所挂的锁上有"不离不弃，芳龄永继"8字，这应该是文艺作品中项饰的代表了。

再来说手饰和足饰。手上的饰物似乎是不分年龄段的，常见的有戒指和手镯。这些戒指和手镯的材质以金、银和玉质为主。过去的孩子手上戴手镯，脚上戴脚镯，镯上带有一个铃铛，走到哪里响到哪里，从而可以随时知道孩子的去向。这些手镯、脚镯和铃铛大多是银质的。现在，手上的饰物还在流行，但变化不是很大，基本上还是些传统的样式，只是增加了像钻石这类高档材质制成的手饰。而足饰却已经很少看见了。

旧时，乡间的成年男子往往都没有"佩戴"饰物的习惯，只有那些经商的富户戴些戒指，挂个怀表。但现在不一样了，成年男性也开始挂金戴玉，除项链、手链外，高档手表也是那些成功男子的最爱。佩戴饰物，已不再是女子和孩子们的专利了。

值得补充一提的是，旧时人们衣食住行中的许多生活用品大多会带有一个"洋"字，如"银洋钿"（钱也习惯叫"洋钿"）"洋蜡烛""洋油""洋火""洋枪洋炮""洋刀""洋皮（肥）皂""洋钉"

"洋伞""洋袜""洋布衫""洋纽子""洋线团""洋面盆""洋绒手巾""洋锹""洋（钱）夹""洋片（一种小孩玩耍用的硬质带图小纸片）"等。晚上点灯用"洋油手照"，也叫"洋灯"。这个"洋"字，与"土"字相对应，意思是这些东西是外国生产的，不是自家生产的。当然，究竟是哪里生产，当时的社会比较闭塞，老百姓对进口货或国产货也常常不能区分，即一概把不是本地土产的物品（甚至于把工厂生产的物品）都加上一个"洋"字了。除物品外，甚至还有其他的一些也带有"洋"字的叫法，如"洋人""洋鬼子""洋妞""洋烟""十里洋场""洋芋艿""洋葱"等。有的还按地域分得细一点，对日本来的叫"东洋"，欧美来的就叫"西洋"，如"东洋鬼子""西洋镜"等。更有趣的是，还把因不识货而错买了贵货的人叫作"洋盘"。之后，"洋盘"即成了"像煞有介事"但肚里却"空空如也"者的代名词。这里再附带说一说，因民国市场上有一种装"洋（煤）油"的铁皮箱子上有"德士古（美国石油公司）"三个字，故此这"德士古"也常常成了与"洋盘"相类似的诙谐之称。大概是因为空箱子敲起来声音很响，但肚里却是空的，故得此喻，不过这种情况只流行于市井商铺间的小范围。

这一个"洋"字，见证了当时中国民族工业的落后，实际上可以看作民族的苦难史。这个历史不应忘记，可现在的许多年轻人已经不了解这一情况了。鸦片战争以后，中国沦为半殖民地半封建社会，清政府被迫与外国侵略者签订了一系列不平等条约，开放沿海城市口岸，大批"洋货"涌入国内市场，攫取了大量利润，冲击了国内的工业和手工业生产。当时战乱频繁，民族工业本来就举步维艰，如此一来更是雪上加霜。从清末起，半个多世纪的习惯称呼，这个带"洋"字的叫法一直在老一辈人的生活中延续到上世纪五六十年代以后。

说过了服饰，接下来得说说"居住"了

这"住"和"吃""穿"一样，是人们生存所必不可少的条件。这一带的乡民，经济条件一旦得到了改善，第一个想到的便是造房子，改善居住条件，为逐步增多的子孙早作居住上的打算。境内有"房子爹爹造，老婆阿爸讨"之俗谚，意思是说，房子在爷爷手里就造好了，讨老婆是爸爸出的钱。在旧时，这一带乡间还有这样一句俗谚，叫"街上人造肚子，乡下人造房子"。意思是说城镇上的人讲究吃，有点钱都花在吃上；而乡下的人讲究的是造房子，熬吃省用，千方百计要改善居住的条件。

旧时这一带的百姓选择居住环境时，对水源十分讲究，往往会选择在河边居住。他们一般都选择在河的北岸建屋，这样，造起来的房子面前有水源，而且房子也正好是坐北朝南。旧时这一带乡民的住宅基本上全是平房，难得有些条件好的人家会建造两层楼，两层楼以上基本没有。这一带旧时民居都是清一色的砖木结构，建屋时大家喜欢建在一起。所以，这一带的民居大都是一埭埭地连成片。有不少人家如果是一起造屋时，还会采取合墙（以前木结构房屋则是合一拼柱子）的办法，之后即是两户相连的人家合一堵墙，这样双方都能节省不少费用。自20世纪80年代开始，一些先富起来的村民们开始建造楼房，因其式样略带西式，故称为"西洋楼"。西洋楼的出现，改变了千百年来的居住格局：一是都是楼房，而且三层起步。二是单家独幢，再不相互间合墙。近十几年来，又出现了小别墅，随着农民们一个个富了起来，房屋更新周期也大为提速。昔日"房子爹爹造"的局面，基本上已经没有了。

在造房子时，这一带流行着不少习俗，诸如选址、除旧、上梁等等，我们在其他章节中已作了介绍，在此不再重复。这里需要说的，是境内卫生条件的改变。在旧时，这一带百姓的日常卫生设施在屋内使用的是马桶（俗称"马子"），在室外的房子角落或屋后必建有茅坑。旧时的马桶一般放在床前的靠墙一边，有些条件稍好一点的人家床前有踏凳的，马桶就放在踏凳上（有条件的人家马桶会放在马箱里）。一般情况下，马桶归女人使用。但夜间若是大便，男人和男孩也会在马桶上解决（小便用"夜壶"）。使用马桶，这"倒马子"的事是最令人头疼的，一般十天半月就得倒一次，即把马子中的"内容物"倒到屋后的茅坑里，然后用竹制的马桶刷洗净马桶并阴干。女人年轻时，这事当然是"责无旁贷"的了。但若是女人老了，一般就得由女儿、媳妇操劳了。一般农家的茅坑大多是简易茅棚（有的甚至是"露天茅坑"），又脏又臭，绿头苍蝇成群，粪蛆拱动，想起来令人作呕，但当时却习以为常。如今，马桶和茅坑早已不见踪影。这一带不少人家室内装潢也是和城里人一样，可与星级宾馆别苗头，称得上富丽堂皇，抽水马桶、淋浴设施等应有尽有。村镇上的公共厕所也越造越高级，其居住条件和环境与旧时相比，真是有着天地之别了。

在旧时，还有一件大事与每户人家都密切相关，那就是"打灶头"。

打灶头是新屋落成之后的头一件大事，每家每户都离不开灶头，开门七件事全与灶头有关呀。打灶头是一样技术生活，技术好的师傅打出来的灶头不但烧柴省，而且烧得快。技术差的师傅打出来的灶头既费柴又烧起来慢。所以，打灶头必须聘请技术高超的专业泥水师傅来打，而且付给打灶头师傅的工钱是付其他泥水师傅的双倍。

灶头打好后，打灶师傅还会在灶上各个部位分别用五彩颜料描上"五谷丰登""火烛小心"等字样，考究的还描龙画凤，绘出各种图案，形成一种别致的"祭灶文化"。老底子，大户人家打灶头时还在灶上专门设有一个"灶神堂"，以便主人供奉灶司菩萨。大户人家打出的灶头又大又气派，那些大的灶头，要占去半间房子大小哩。解放后，有些人家灶司菩萨早已不供了，但尚有不少人家还有祭灶（境内称"谢灶"）遗风。特别是那些上了年纪的人，祭灶，在他们心目中是根深蒂固的习惯。

灶头打得好坏，直接关系到烧饭烧菜时的成本。所以这"打灶头"，是件关系到千家万户的大事。大户人家打大灶头，小户人家打小灶头，再贫穷的人家也得按个缸缸灶。故老底子手艺好的打灶师傅十分吃得开，碰到忙的时候还要排队等呢。旧时的灶头有单眼灶、双眼灶、三眼灶之分，这"眼"指的是一个灶洞，上面可安放一只锅子。双眼灶的意思就是可安放两只锅子，以此类推。一般人家的灶头大都是双眼灶，即灶上可安放两个锅子，一般都是一个锅子烧饭，另一个锅子烧菜。在锅后有两个灶洞，需要使用哪只锅子时就往哪个灶洞烧火。在打灶头时，在两只锅子的中间会安放一只铜罐，乡间称"汤罐镬子"，是用来烧水的。由于这"汤罐"放在两个灶洞的中间，无论你哪个灶洞烧火，它都能受到热，从而使罐中的水受热烧开。有时，两个灶洞同时烧火，它受热更快，往往锅子里水还未滚，汤锅里的水倒先滚了。故这一带流传了一句俗语，叫"镬子里勿滚，汤罐里先滚"，用来形容那些当事人不急，旁边闲杂人先急的现象。

近一二十年来，随着农村居住条件的改善，这一带的农村基本上全都用上了液化气。值得一提的是，这一带所诞生的本土企业"老板电器"似乎成了新一代的打灶头师傅，其所生产的"老板牌燃气灶"，几十年来名声响遍全国，领先于整个燃气灶行业，还是一家兴旺发达的上市公司。这以"老板牌燃气灶"为龙头的灶具改革热潮，也彻底取代了传统的土灶。如今，这一带用土灶烧饭烧菜的人家不能说没有，但真的是越来越少。这里，造新屋的更是不会再打灶头了。故"打灶头"作为一门传统的手艺来说，怕是要灭绝了。

再来说说旧时生活中所需要用到的一些器具

生活中需要一些仪式，而举办这些仪式的时候，往往需要一些与之相关的器具，这些特有的器具也增加了仪式感。同时，人们在生活中，也离不开一些日常生活所必需的器具。这样的器具很多，若要一一予以介绍，就显得太繁琐了，也没有必要。在此，我们择其有特色的介绍一二：

首先是"条箱"

条箱系一种用木头制作的食品箱。顾名思义，它是一种长条形的箱子。"条箱"的外面套有木框，框内分四层，可一层层拆卸和增减。条箱的每一层均为一只木制盒子，内可置放食物、果品、菜肴以及盘和碗等。人们家中置备这种"条箱"时，一般均成双置备，以便一前一后用一根扁担来挑。这"条箱"是这一带人们在结婚、拜寿、贺节、催生时送礼物的专用盛器，也是一种为生活增添仪式感的器具。由于这种条箱是送礼时用来盛物的专用工具，故条箱的外面大都漆成朱红色，并在一层层的木制盒子的外框上，分别写上福、禄、寿、喜字样，四层正好组合成一套"福禄寿喜"。旧时那些考究点的大户人家，还在条箱的四周镶有白铜片或刻上吉庆图案。

"条箱"在这一带并不是家家户户都有，经济条件差的人一般不会置办，需要使用时就向有条箱的邻居家借用。一般来说，一个村坊中，起码会有三分之一的人家置有条箱。

再来说说"饭篮"

"饭篮"，顾名思义就是一种用来盛饭的篮子。旧时，这一带百姓在煮饭时为使出饭率高，有着一种"铺饭娘"的习俗。他们把上一顿所剩下来的冷饭用篮子装起来，到了烧下一顿米饭时将这些冷饭铺下去。由于铺了冷饭，出饭率的确是会高一点，故这一带百姓称那些上一顿剩下来的冷饭为"饭娘"，家家户户都有着饭篮用来盛"饭娘"，那些大户人家还不止一只。

饭篮，是一种用篾丝编制而成的竹篮，形似鼓，中间大两头小，专门用来盛饭，不能移作他用。饭篮上有一个篮盖，可将饭篮盖实。饭篮还有个篮环，以便高高挂起。夏季时，为防饭发馊，人们都将剩饭盛在饭篮里，挂在屋檐门口通风的地方。

境内旧时普遍使用的是"饭笪（音'大'）"，竹制品，圆形，上有竹环可提，无盖，上口往往放一块方形的麻布作罩子。"饭笪"一般在夏、秋季使用，冬、春季则使用有盖的"饭桶"，亦称"饭斗"。

再来说一下"烧香（念佛）篮"

这一带百姓大多信佛，每逢农闲时节或遇到菩萨生日，那些善男信女都要去庙里烧香念佛，有的甚至每逢农历初一、十五都要去烧香念佛。烧香念佛时需要携带香烛纸马及其他一些用品，需要有工具来放，于是，就产生了一种专门用于烧香念佛时盛放物品的竹篮，这种竹篮一般也只是普通民众常用的竹篮。由于这竹篮是善男信女们（女性为多）出门烧香念佛时的专用工具，故民间将这种竹篮称作"烧香篮"，而境内多称此竹篮为"念佛篮"。年长一点的乡村妇女，几乎人人都有一只"念佛篮"。值得说明一下的是，这种念佛篮一般在出门路较近时用，若是出门较远，大多数老太太会背一个黄色的烧香布袋。

最后来说一下"凉橱"

"凉橱"，又叫"菜橱"，是一种放置碗碟、剩菜、调味品、菜肴原料等物品的柜子。旧时的凉橱，大都为竹制，木制较少见。凉橱有大有小，大的下面有四只脚，直接立在地上。它上下共分成五档，以木板相隔。上面一、二档共用一对门，三、四档共用一对门。最下面一档没有底板，只是用一根根木档架开，用来放碗碟。那些小的"凉橱"是没有长脚的，直接放在矮柜或桌子的上面，这些小凉橱一般分成三档，上两档共用一对橱门。凉橱一般均放在灶头旁边，旧时称"灶间"，以方便存取食物。

现在，凉橱已经鲜见，代之的则是与厨房配套的各种橱柜和有着保鲜作用的冰箱。

传统的生活习俗中还有纳鞋底、搓纳鞋底线、糊鞋帮、剪鞋样、打补丁、做葡萄纽扣、做周岁鞋子、打毛线、织带等，但随着鞋子、衣服的工厂化生产和百姓生活条件的改善，这些习俗早已绝迹。而且这些习俗各地大同小异，也谈不上什么特色。故接下去我们再介绍两种具有当地特色的生活习俗。

其中一是"翻丝绵"习俗

余杭地区有"丝绸之府"之称，运河街道又是区内清水丝绵的主要产地，所以，这一带人们的生活与丝绵息息相关。丝绵的保暖性能极好，它是一种极佳的御寒物品，这一带的人家都喜欢用丝绵来御寒，所以，"翻丝绵"便成了一种独特的民俗。

"翻丝绵"是指用丝绵来翻制成丝绵袄、丝绵裤或丝绵被。翻丝绵是天将要冷的时候翻的。每年进入冬季之前，天刚刚要冷起来，便到了翻丝绵的辰光。翻丝绵要两个人动手，先搭一只竹榻板，把要翻的衣服被子放在板上，再拿起丝绵，将一个个袋形的丝绵用双手撑开，挖出一个小洞，然后两个人面对面将丝绵用力拉断拉开，俗称一个"丫儿"。一个"丫儿"即一帖，每十来帖便要贴上一小块纸片做个记号，称作"一肖"。如果是翻新娘子的棉被棉袄，那就必须用红纸来作记号，以示喜事。

丝绵有一个缺点，那就是时间一长容易"发并"。所以丝绵袄和丝绵被往往每年都要重新翻一次，否则其保暖性能就要打折扣，而且每年重新翻的时候都要添加若干新丝绵，故民间又有"置得起，翻勿起"之说。翻丝绵是一种技术活，一般均请一位内行的中年妇女过来帮忙，自己做个帮手。这种请人翻丝绵大都是属于邻舍之间帮忙性质的，是不用付工钱的。只有碰到请人来帮忙翻新娘子的棉被棉袄，那是要送只红纸包以示感谢。

现在御寒的物品多了，什么太空棉、弹力絮、羽绒衣、鸭绒被，称得上是名目繁多，但这一带老一辈的人，对丝绵有着一种特殊的情节，他们不像年轻人那样赶潮流，还是喜欢用丝绵御寒。故每当一进入冬天，在这一带乡间，"翻丝绵"的习俗还时有所见。

另一种是"摇会"习俗

"摇会"是生活中的一种与经济相关的习俗。

旧时普通百姓大都手头不宽裕，若家中需要购置一些大件物品，而手头偏偏又凑不足需要支付的钱时，怎么办？乡间的聪明人发明了一种办法，让众人来帮助一个人，这种办法就称作"摇会"。

"摇会"的具体做法是这样的："摇会"有个发起人，发起人也叫做"会首"，往往都是发起人碰到有急事需要用钱才会去发展一个会，去寻求众人来帮他解决困难。发展的人员大都是他亲朋好友或街坊邻居，能愿意为他出一份力的人。每一个会则发展 12 个人，每人每月要交一笔钱，钱的多少根据发起人当时需要用钱的数量来定，旧时一般都是 5 元或者 10 元。第一个月众人交上来的会钱由发起人得之，次月众人交上来的钱由其他没得到过"会金"的人抽签，谁抽到此月的"会金"就由谁得。之后，按次类推，12 个人每月都有 1 人得会金，一圈下来，正好是一年。也有的会是一开始时就抽签排定座次的，除了会首是拿第一个月外，其他 11 人由抽签定先后，你什么时候拿我什么时候拿搞得清清楚楚，由"会首"记录在案。摇会的发起人每月都要辛苦一次，要到各个参与摇会的人那里去收取会金，然后交给当月的得益者。

"摇会"这个习俗，由于参与者都是会首的亲朋好友或街坊邻居，再加上会首的从中调度，故此没有什么纠纷产生。在旧时，这一习俗很好地起到了互助合作的作用，为普通百姓添置大件物品提供了机会。这"摇会"的习俗，新中国成立初期还存在，后随着一些单位出现了互助储金会，农村中组织起来后有了集体经济，这一习俗才开始被淘汰。

生活中还有着不少与卫生相关的习俗，我们也在这里作些介绍：

五月不剃头

农历五月，旧时称之为"毒月"或称之为"恶月"。进入农历五月，黄梅来袭，阴阳之气相争，阴气胜出，邪祟、鬼魅、百毒、瘟疫都随着酷暑的到来而慢慢猖獗。气候又是温热多雨，有时还会乍暖还寒，这个月的气压低、湿度大、气温高，往往会对人们的身体特别是孩子们造成伤害。为此，旧时百姓一进入农历五月，有许多相关的习俗，其中一种就是"五月不剃头"。此俗主要是针对小孩子。家中有未成年孩子的，往往在农历四月底都会给他剃个头。而到了五月，整个月都不再去剃头了。此俗现在年轻人已不讲究，因为他们也不知道以前曾经有这样的习俗。但家中有老人的，往往还有这番讲究。

六月六开始下河汰浴

农历六月初六，民间俗称"六月六"，有俗话"六月六，猫狗都汰浴"。意思是到了六月六，可以下河去汰浴了。

旧时水乡的孩子，一到夏天就泡到河里去玩水。但什么时候可以下河去玩水呢？民间是有讲究的。未到六月六，就是天再热，家中大人也不会允许孩子下河去汰浴。

江南一带的天气，气温在农历四五月间最为不稳定，热了又冷，冷了又热，让人无所适从。再说，水温的上升不会像气温一样快。初夏时节，野外太阳猛晒大半天，到下午时，往往气温一下子上去了，但河里的水温还是很低的，大地还是温度低的。这种情况又见于室温，即室内温度也比室外温度上升得慢。等到了农历的六月，地温、水温、室温已随着季节的转热持续升温并基本稳定，天气也就一天热过一天，再不会像之前的天气热了又冷、冷了又热了。故百姓认为，从农历的六月初六日起，可开始在河中洗澡，故有"猫狗都汰浴"之说。到了这一天，孩

忆童年（之一）　　　　　　　　　　　　　　　　尤源海　画

子们纷纷开始在河中洗澡，做父母的还要给尚幼的子女用河水洗浴，妇女们都要洗头，旧时用槿树叶子在清水中敲（搓）糊后放在热水中洗。

如今，这句俗话还在百姓口中流传，但下河洗澡已比较少见了。

说到卫生习俗，不得不提一下"民间单方"

过去医药条件差，碰到些小毛小病，人们一般都不会去找医生看，而是往往凭借祖辈传承下来的经验，用一些民间的单方来治疗。说来也怪，民间那些土单方，在医治某种疾病时往往有着一些独特的作用，有时比找医生还灵光，故有"单方一味，气煞名医"之说。

由于这些单方有着一定的功效，故在这一带民间，大都将那些单方世代相传。有的单方还称得上家喻户晓，流传范围甚广。

鱼骨鲠喉

这一带是水乡，盛产各类淡水鱼，这里的人靠水吃水，也非常喜欢吃鱼。但是，吃鱼时不小心往往会有鱼刺鲠在喉咙口的现象发生，此时民间有"吞醋"的办法。只要吞食米醋少许，鲠在喉咙口的鱼骨就会消失。或用一种名叫"威灵仙"的草药，煎汤饮服。不过，这一土方法现在已不提倡。现在医药条件好了，求医也方便，遇到鱼骨鲠喉，还是上医院更保险。

咳嗽

咳嗽是一种常见的毛病，特别是孩子，稍有不慎，便会久咳不止。对于这久咳不止者，旧时民间常用冰糖来炖鸭梨，一日吃两到三次，较为灵验。

除此之外，还有一种"糖香橼"，也就是用糖腌制的香泡，旧时专门有商家制作出售。这种"糖香橼"，也对久咳不止有很好的疗效。

感冒

感冒，往往是受凉、受了风寒引起。故要治感冒，首先要驱寒。在旧时，人们常用老姜切片加入红糖煮成汤来驱寒，称之为"老姜茶"。这种"老姜茶"趁热时饮服，对于风寒感冒疗效显著。

烫伤

被火烫伤后立即用麻油搽伤处。麻油性甘微寒，能解热毒，对水火烫伤有一定功效。也有的用酱油搽患处，功效也还可以。

夏令腹泻

夏令时节，由于气候原因，饮食时稍不注意就会吃坏肚子，产生腹泻。对于这种夏令腹泻，民间有一种单方，采取食用隔年浸制的烧酒杨梅的办法，只要服 3 至 5 粒即见效果。所以这一带民众每逢夏至前后就会用杨梅泡酒，哪怕是不喝酒的人也会备上一些，以应急。此俗，至今尚存。

产妇奶水不足

产妇奶水不足是一种常见现象。在旧时，民间用大鲫鱼来炖汤喝，是一种催奶良方。或用七星猪爪炖酥后服用，也有一定的效果。

这些民间单方的盛行，主要是因为旧时医药条件差，诊所也少，要去找医生看个病，往返需不少时间。所以，那些常见的小毛小病，人们一般不会去找医生，而是凭借祖辈传下来的单方来处理。现在，医药条件好了，求诊也方便了，但是碰上小毛小病，那些土单方还在发挥作用。

水上人家习俗奇

  "中国大运河"，由于是从北京起到杭州止，所以过去一直称"京杭大运河"。2008年，原杭州到宁波的"浙东运河"加入了"京杭大运河"的申遗计划，以"中国大运河"的名称去申报世遗。2014年6月22日，在卡塔尔首都多哈举行的联合国教科文组织（UNESCO）第38届世界遗产大会上，"中国大运河"申遗成功，被列入世界遗产名录，成为我国第46项世界遗产。

  "中国大运河"，我们这里还是习惯叫它作"京杭大运河"。这条"京杭大运河"从北京到杭州流经八省市33个城市，整条大运河及其支流长度达到3000公里，是世界上由国家修建的最广阔的、最古老的内河水道系统。"京杭大运河"从北京到杭州的全程因地理位置的原因共被分为七段，从镇江京口启程到杭州的这一段是第七段，也是最后一段。由于这一段全在长江以南，故被称作"江南运河"。"江南运河"从镇江京口启程后到了平望又分成了三条航线，从东、中、西三个方向进入杭州。其中，"江南运河"的东线从嘉兴经桐乡大麻进入我们余杭的运河街道，从而奠定了运河街道在余杭境内的"运河东来第一镇"的地位。"江南运河"在余杭全长35公里，在运河街道就有着8.7公里之多，使得运河街道的五杭和博陆在旧时均成了运河沿线繁华的集镇。东往西去的船只都在这里汇聚，四邻八乡的物产也在此集中运往外地，从而使一些在运河上常年漂泊谋生的船户们也慢慢地开始选择这里作为他们的栖息地。一时间，在这一带的运河河道里，集居了不少的船民，他们以船为家，一家人吃住都在船上，被称为"连家船"。他们就是一种

"靠水吃水"的特殊人群。他们由于在船上生活，船是他们活动的家，故长期以来，形成了一些与岸上百姓完全不同的生活习俗，成了一批独特的"水上人家"。

在这些漂泊在运河街道周边水面上的"水上人家"中，因其从事的职业不同，大致可分为两类人：一类是在水路上以搞运输为职业，故这些船俗称为"运输船"；另一类则以在水域里捕鱼为生，这些船又俗称为"舸鱼船"。"舸鱼船"并以小行当的不同又有着"扒螺蛳""打网船""钓子船"之分。这两种船由于行业性质的原因，他们的船型不一样，工作的特点也不一样。但有一点却是相同的，无论是运输船也好，舸鱼船也好，他们都常年累月漂泊在河面上，生活在船上，把家也同样建在了船上，他们是一批以船为家的水上船民。

这些漂泊在水上的船民，相比岸上的那些原住民而言，他们最早都是"开档人"，是外地人。他们在家乡生活不下去了，才寄生在船上，随船漂泊，四处为家。如果再深究一下，我们会发现那些最早的船民其实都是些农民，在农村经济破产后失去了赖以生存的田地，这才出来寻点水上的生活做。很多人一开始只是帮人摇摇船，赚点辛苦铜钿。慢慢地与船老板熟了起来，也就有了自己闯一闯的打算。于是，就开始自行租一条船，自己既是老板又是伙计，从事水上生活。再后来，通过不断地努力有了点积蓄，就自己出资打一条属于自己的船，从此一家人便在船上生活，组建起独特的"水上人家"。他们生活在船上的原因细究起来也有好多，其中一种原因即是船工的生活相对比较艰苦，由于业务的原因而漂泊不定，哪里有生意就去哪里。所以，只有以船为家，摇到哪里算哪里。另一种原因是这些船工挣不到大钱，他们所赚的只是一点辛苦钿。凭这些钱一家人能吃饱饭维持生活已属相当不错了，根本没有经济实力能够到岸上买地造屋，于是只能把船当作了家。由于这两种主要原因，所以就出现了一个吃住均在船上的群体，过去人们将这种船称作"连家船"，现在我们称它为"水上人家"。

　　余杭的东部是江南水乡，这一带水网密布，水流由西向东的大运河把附近境内外纵横交错的内河河流全都连接在一起，使得这里水网密集。因水上交通是当年主要的交通方式，便利的交通也使这里的一些埠头都是出名的商埠，物资的流动量大，从而促使大量的运输船在这里集中。这里处处是水乡泽国，淡水鱼资源丰富，同时也使一些捕鱼为生的船民到了这里后便不愿意离开。这种独特的地理和经济条件，长期以来就形成了众多的船民在这一带水域中赖以生存的生活方式。这些船民的水上生活，久而久之，在相互交融中形成了一系列带有水上特色的独特风俗。这些习俗，与岸上居民的生活习俗是截然不同的。旧时候，船民的社会地位低下，与岸上的百姓相比，他们是"开档人"，外地来的，在这里无亲无戚，无依无靠，一上岸就会被当地人看不起。旧时一些集镇上的居民就统称这些水上生活的人为"江北人"，其义是泛指"长江以北的人"。再加上他们长期生活居住在船上，那种孤独而缺少自由的水上生产、生活，令船民产生出诸如"恐水""恐人"的观念。于是，

运河老照片　　　　　　　　　　　　　　　　　　韩一飞　提供

与岸上的百姓相比，他们似乎生活在更底层，因此他们的信仰更虔诚、讲究占卜、禁忌也更多。运河船民长期形成的习俗潜移默化，根深蒂固，在一代又一代船民中间流传和延续。

在这些运河船民的生活习俗中，以运输为生的船民和以捕鱼为生的船民其基本特征是相同的，都是生活在水上，以船为家。但由于不同的生产方式和生活习惯，故在这些船民的生活习俗上也有大同小异的现象，也产生了种种与各自行当有关的生活习俗。

先来说说以运输为业船民们的生活习俗

旧时有句俗语："天下第一苦，摇船、打铁、磨豆腐。"一开始我总是不理解我们的先人为何单将这三个行当列作"天下第一苦"？应该说其他苦的行当还有很多呀。后来我慢慢地明白了，这三个行当不但辛苦，而且还单调乏味，所以才"荣获"天下苦中的"第一"。你看，这"摇船"的，一手持橹，一手捏绳，天天从早到晚重复着一扳一推的动作；那"打铁"的，手持铁锤，每天重复着从上到下的锤击；而那"磨豆腐"的呢，则是手持磨柄不停地转圈……这已经不光是辛苦，这单调

运河老照片　　　　　　　　　　　　　韩一飞　提供

和乏味，使之苦上加苦，所以才成为各项苦生活之首。

在余杭一带运河流域中，搞运输的船民们大都以小船运货赚脚水钱为多。由于旧时余杭经济比较发达，一些在河边埠头开店经商的店家需要船户帮助运些往返货物，这就催生了余杭民间运输业的发展。余杭一带以运输为生的船民，很多人刚开始时并没有自己的船，而是代别人摇橹。后来才发展到单独租船，再慢慢地发展到自己打一条船，时间一长，慢慢地就在船上安了家。

船民长期在水上生活，所遇到的风险比岸上的农民更多，他们头脑中产生了"恐水""恐人"的观念，便不自觉地萌生出种种迷信观念，并相沿成习。最突出的一个现象是信仰"船头菩萨"，又称"船老大"。船民对"船头菩萨"的崇拜相当于岸上的百姓崇拜"灶家菩萨"。至于这"船头菩萨"的来历，相传他原先是一个在岸上被人们供奉的神灵，但不知何故居然失去了香火，所居身的庙宇也倒塌了，穷得无处可去，他只好蹲在河港的边上做起了野神。船民们发现了这个野神后便把他请到船上来做他们的"老大"，给他们当菩萨，来保佑他们的船只在水上的出入平安。就这样，这个在岸上失去居所的神灵，便成了船民们所供奉的"船头菩萨"。船民们纷纷在船上中舱的左手面，安上一只木盒子，安放"船头菩萨"，再在一旁设一只香炉，以便日常祭祀。船民们认为船上有了"船头菩萨"，不但能保佑你出入平安，还能保佑你生意兴隆。船民们祭祀"船头菩萨"，除了日常的四时八节之外，船上人员碰到诸如婚丧嫁娶的日子也要对"船头菩萨"进行祭祀。这些搞运输的船民，如有新打的船只要下水，那就要举行考究的敬神仪式，此时，对"船头菩萨"的崇拜将达到高潮。敬神时先在船舱的舱门上左右都贴上大红喜字，并在船头泼水板处的四只炮钉上分别挂上四根红绸飘带，飘带长约4寸，船艄的棱角上也要束上红绸飘带，长短和前面的一样。然后在船头的正中央供上"猪头三牲"，有猪头、全鸡、全鱼，旁边还要放上一把刀，猪头上还要插一把筷子。然后焚香点烛，在这条船上生活的人分主次——磕头祭祀。在祭祀时，还要鸣放鞭炮。过去在新船落水时还有一种习俗，说是要祭拜水神，这"水神"相传为宋代时候的钱塘安溪人谢绪。谢绪在南宋灭亡时投水而死，之后被封为水神。由于主管水，被船民们称作"金龙四大王"。敬过船神后，这条新船就可以正式开航了。开航时，在船头上撑篙的人得用手中的竹篙在水面上横敲三下，发出清脆的"啪啪啪"声音，同时还要大声拉长音调说"开船啰"三个字，拖音拖得很长。撑篙人旁边的人此时还要说一些诸如"顺风顺水""顺风大吉"之类的吉利话。

老底子的船只在水上航行是没有交通规则的。为了避免碰撞，人们从长期的实践中摸索出了一条"摇船靠扳艄（如同'靠右走'）"的规律，从而约定俗成。每逢水面上遇到两船相会时，往往会对着来船大喊"扳艄"。这样各自提醒一下，都做好自己的扳艄工作，从而避免了碰撞。老底子的运输船上，一般都是夫妻两人，一篙一橹，以船为家。沿着这条运河航行，哪里生意好就往哪里去，基本上没有固定的落脚地点。船民常年在水上漂泊，时常会受到岸上一些"破（读 pá）脚骨"（无赖）的欺凌，船只与船只之间也会因一些业务产生纠纷。于是，船民们催生了自己的组织，这些组织的生成往往都是根据自己的出生地来拉帮结派。旧时在运河街道这一带，光是苏北一带的船民，就有"扬州帮"和"盐城帮"两个帮派，这些帮派都有各自的帮规，在本帮组织内团结互助，相互照应，遇到有外派欺负，则一致对外，共度难关。

长期的船上生活，每天的停泊点都不同，使船民们养成了不少有独特讲究的习俗。如运输船要靠埠头时，船头到了埠头后定要再往后退一下，然后再向前慢慢地停靠。为何靠了埠头又还要后退？喏，这里有讲究。据说每个河埠头都会有一些淹死鬼，把船后退一下，可以让他换个地方。否则他被压在船下了，晚上会上来"讨替身"的。如果船只要在河埠头过夜，船家在吃晚饭时要盛一些饭倒在船头旁的河港里，说是给淹死鬼吃。这样，淹死鬼半夜里不会来吵闹。若是半夜里发生了船身晃动的情况，船民认为这是淹死鬼来闹事了。这时，船主就会将船篙倒插在水里。据说这船篙是张天师的笔变的，一切妖魔鬼怪见了都会害怕。所以这船篙一倒插，船只就会相安无事。老底子没有气象预报，开船看天，成了船民们的习惯。"运河里浪软，太湖上浪硬，黄浦江口的江猪一出来就发风。""太阳白，要起西北风。"船民在长期的生产中积累了大量有关气象的谚语，通过看天色，来预知这一天中相对的天气变化。船民以船为家，他们在船上生儿育女。船舱有篷，用以遮风挡雨和睡觉；船尾也有棚，烧饭做菜都在船尾。船民的生活是很艰辛的。由于船舱篷较低，不能直立行走，以盘坐为主，因此船民大多两腿不直，不同于常人。过去，船民地位低，长大后想找岸上的对象是十分困难的。在这一带，流传着这样一首歌谣：

有女不嫁弄船郎，一年空守半年房。

有朝一日回家转，点灯熬油补衣裳。

而船家的姑娘，若是长大后想嫁给岸上人家，同样也十分困难。因为船民地位低，又是"开档人"，常被当地百姓看不起。所以，船家青年男子长大后，多数都是寻找同样的船民家庭中的青年女子成亲，这也算是一种社会底层另类的"门当户对"吧。船民成亲，其大的方面也与岸上百姓相同，需媒人说合、三聘六礼等。但一些婚庆的具体习俗就与岸上百姓各异了。到了婚嫁这一天，男女双方的两条船以及男女双方亲友们的船全都航行到事先说好的那块水面上，两家和亲友的船都按照男女各占一边的阵势分别停靠在河的两岸。新娘子打扮完成后戴上凤冠、穿上红袄，随即坐进一只专门来接新娘的小船，划到河对岸男家的船旁上船。新娘子登上男家的船后，便在男家的船舱里举办婚礼。与岸上相比，由于船上空间小，婚礼要简单得多。一对新人在船舱中交拜天地和拜过"船头菩萨"后，来宾们便在船上喝酒贺喜热闹一番。由于船上空间实在太小，新郎这条船上只能容纳一些主亲，其余亲友均在亲友们的船上喝酒。当天，双方亲友的船只均在这段水面上过夜。第二天早上，婚礼仪式全程结束，男女双方的两船各自驶往他方。从此，新娘就成了男家船上的成员了。

船民们还有些特殊的习俗。如船家生了小孩后，即用温水给他洗身，到了三朝又要重新洗一次。船上的孩子很容易失足落水。为防孩子们不慎落水，船民们均把小孩子用绳索缚住腰身吊牢在船上。那些多子女的船家，往往船上吊着一串孩子，成为船家一道独特的风景线。船上的新生孩子初次去外婆家，外婆或外公要用划桨划点水上来，让小孩舔一舔划桨上的水。据说小孩舔过外婆家划桨上的水后，从此会不怕水，懂水性。每逢正月，商家大都停业，运输业务也会暂停，故船民大多将船停靠在近集镇的岸边过年。新年后再重新开船去外地做生意。新年里第一次开船的日子很有讲究，要图个吉利，一般为初六、初八开船。开船时要鸣放鞭炮，把财神菩萨请上船。船民如遇灾祸，要"请路头"藉以消灾避祸。因旧时习俗以为有路头神，掌管水路诸事。"请路头"时，祭品主要有"三牲"：猪头、鸡、鲤鱼，叫"六只眼"，总共六碗菜，有的八碗。猪头在烧熟前，要在它嘴里含只猪尾巴，嘴边放只前爪，表示"整猪"。祭祀所用的鸡要在船头上杀，使鸡血沿着船的龙骨直淌到水面，见其长短预测生意的好坏。鲤鱼只用红丝线缚住不杀，放在盘里。祭拜时在船头上烧三炷香、供三杯酒、放六响炮仗。待结束后，把鲤鱼连红丝线一起放回水里。运河行船见桥最多，过桥则要遇桥神，故见桥行走都有讲究和忌讳。若是看到狗很快地跑过桥，认为是生意好；如果狗在桥上东张张、西望望，则认为当天生意不好。若是看见农民挑了粪桶晃荡着过桥，说明是空粪桶，会认为捕不到鱼。若是行在水上，看到正在造的桥，就不能说话，船民认为桥有名字，与生肖犯冲会不吉利。等等。船民有种种禁忌：吃鱼不许翻身，认为翻身会带来"翻船"；不许将筷架在碗上；盛饭时不许说"盛"字，要说"添饭"，据说"盛"与"沉"谐音，不吉利；不许打翻饭碗，打翻饭碗也寓意翻船。船民若是不慎掉入水中，爬上船后，换下来浸湿的衣服不能直接拿来洗，要先晒干后才能洗。他们认为如果直接拿来洗了，那么下次还是要掉到水里去的。船民在靠岸停放船只时，不能插到两条船的中间去，认为停进去会被人家挤掉生意。相邻的船只停泊在一起时，不能把脚搁到别人家的船上去，认为搁上去会带来晦气。

新中国成立前后，在这一带水面上搞运输的船民先后在小集镇上定居，这些人较多的是从事地货、水果生意。其时，在五杭北街上开地货、水果行的就比较多。之后，也有一些商贩由当地政府组织了起来，参加了供销社。1964 年，五杭、博陆和亭趾都成立了运输社和搬运社，一些流散的人员就参加了运输社和搬运社。组织起来后，船民的生活发生了很大的变化，变成了一批从事商业或运输业的工人阶级，还有了令人羡慕的城镇户口，吃国家供应的商品粮，其待遇一下超越了岸上的农民，可以说是彻底翻了个身。从上世纪四五十年代开始，这些成为职员、运输工人的船民们陆续在岸上有住房了，有的是自己置办的，有的是向人租的。他们中的一些人除了从事运输时还住在船上外，平时都已经上岸定居。船民上岸之后，其习俗也开始逐步转变。从 60 年代起，这些人陆续在岸上建了新房，生活在船上的船民几乎没有了。

再来说说船民中的渔民

渔民和搞运输的船民一样，上无片瓦，下无寸土，只有一只破渔船，只得以船为家，俗称"连家船"。故他们的生活习俗大致相同，但由于行业的不同，也有着一些具体的不同。

渔民捕鱼主要工具有油丝网、三角网、打网和放钓子等。捕鱼船一般都是橄榄型的小船。出行捕鱼，大多也是夫妻两人，一人船头，一人船尾，相对而坐，前面反坐船头的人扳桨加快速度，坐船尾的人把艄掌方向。渔船捕鱼按其分类来说，又有正行当、小行当之分。正行当指的是那些从事捕鱼的各式渔船，这些活需要一定的力气和技巧。小行当主要是指那些扒螺蛳、抓小虾的渔船。稍大一点的连家渔船船尾上往往会放上一个小盆子，种些万年青或青葱之类的盆景，象征兴旺昌盛。有的往往还挂一只鸭笼，养上一二只鸭。养鸭的也有用一根绳子系在鸭脚上，另一头系在船艄上，让鸭在河中游。渔民养鸭有实用价值，一方面可以把一些卖不掉的小鱼小虾喂给鸭子吃，另一方面还可以用鸭子生的蛋来改善生活。也有种说法，这鸭养在船尾，象征渔民后代有"尾"，香火不断。渔民们吃饭时饭碗、汤匙都不能"翻扑"，因"翻扑"意味着翻船，是很忌讳的。筷子不能搁在碗口上，放筷子时，筷子的头必须朝前，不能调头放，调头放意味着船要倒霉。渔民吃鱼时，先吃上半片，吃掉后把鱼骨头拿掉再吃下半片，不许把鱼翻过来吃。而且鱼头鱼尾留着不吃，说是象征"年年有余"。渔船的船头是渔民们捕鱼的工作场地，闲杂人等不能轧过去，船头处有一个特殊的鱼舱，外面活水与舱内相通，捕到的鱼养在舱中。捕鱼归来时鱼舱不可随便给外人看，也不随便看别家船上的鱼舱。渔民们要修补鱼网一般都在晚上孩子睡着后，不能让小孩子碰网，否则认为会抓不到鱼。船头上的"门槛"女人不可以坐，女人也不可以跨过拴住船的缆绳，女人也不随便到前舱，不随便上岸等等。渔民禁用铁链条系船，认为旧时差役拘捕人必要铁链，所以他们不用。渔民们捕鱼很讲究占卜。清早第一网要是捕到白鲦鱼，会以为这一天运气不好；捕到鲤鱼，则认为这一天很"利市"，兆网网丰收；捕到黑鱼，据说是特大吉兆；捕到鱼头上有斑点的，兆最近几天会有好收获；捕到鱼尾巴上有斑点的，兆捕鱼的收获在后头。捕到鱼身上有斑点的，兆捕鱼生意旺在中间。如果正月里捕到鱼身上有斑点的，则认为六月里捕鱼会丰收；如果早上开船时发现有条狗在水里游，则认为要交好运了。渔民中流传着这样一句话："划桨干，钞票完"，意思是渔民抓鱼赚钱不多，停船歇业则是预示着钱也用完了。船上吃饭一般只吃早晚两顿，俗谓"扁担顿"；菜只吃卖剩的鱼。每天卖完鱼后，回到船上煮一顿饭吃，是一天中最大的享受。农历十二月廿三，渔民也有谢灶的说法。渔船上一般都只有一只缸缸灶，谢灶就面对缸缸灶举行。谢灶时在缸缸灶面前摆上供品，有鱼肉和豆制品等，但必备一条活的黑鱼。这条黑鱼供在缸缸灶前，供毕后将黑鱼放入河中放生，放生时还要看它游往何处。据说黑鱼兆生意，它往哪个方向游，说明明年那个方向去捕鱼收获好。渔民过完年后，第一次捕鱼就往黑鱼预示指引的方向开去。

解放后，渔民们组织了起来，成立水产大队，新建了水产村，渔民从此告别世世代代相依为命的船屋，搬进岸上的新居，只有出去捕鱼时才与船生活在一起。境内的水产村就是博陆镇西端的庄前（张元）村（现属于南园村），当时叫水产大队，也叫捕捞大队。后来随着运河水质的污染，渔民逐步改行，开始从事其他行业，大多经商、办企业，或当工人。其中有一些人在改革开放后成了当地黑鱼、甲鱼养殖的带头人。与运输船的船民不同，渔民上岸后绝大部分都不再从事捕鱼这个职业。随着生活环境的改变，旧时渔民的一些生活习惯大都不复存在。如今的运河中，"水上人家"除了运输船外，已经很难看到，而这些运输船上的船民也多是外地人。

运河船民是一个较长历史阶段存在着的特殊群体，运河船民习俗是这一群体的文化传统，反映着一个历史阶段运河上船民真实的生产生活状况，承载着许多历史文化信息和原始记忆。"运河船民习俗"如今已被列入浙江省非物质文化遗产保护名录。挖掘和保护这个渐行渐远的正在慢慢消失的运河船民习俗，对于推进历史传统和运河文化研究都具有重要的意义。

"客来泡茶"话茶俗

运河街道一带均是水乡平原，甚至连个丘陵也找不到。这里并不产茶，但这并不影响这一带的人们对茶的喜爱。旧时民间有句俗谚，叫："开门七件事：柴米油盐酱醋茶。"茶在当地百姓的心目中，是与"柴米油盐"一样，排到了生活中必不可少的地位。在这一带，"客来敬茶"，早已蔚然成风。家中凡是有个客人上门，主人所做的第一件事，就是泡茶敬茶。在这一带百姓的生活中，"茶"，称得上是无处不在，并随之产生了种种生活中的茶俗，而且还一代又一代地传承了下来。

茶是一种饮料。在我国，饮茶习俗称得上源远流长。据茶圣陆羽在《茶经》中介绍："茶之为饮，发乎神农氏。"在民间，更是有着众多的茶与神农的传说。相传神农氏在尝百草时，曾经跋山涉水，到处寻觅尚未被他发现过的植物。有一次，他在野外感到口渴，便以釜锅来煮水。说来也巧，旁边的植物上正好有几片叶子飘了下来，不偏不倚地飘进了他的釜锅中。等神农氏发现时，水早已煮开。由于水中飘进了那几片叶子，那煮好的水，其色泽有些微黄。神农氏是个心细的人，知道这水的色泽改变是由于那几片叶子的缘故。于是，他便喝了几口，尝尝这水的味道。谁知道他将此水喝入口中，顿觉口中生津止渴、提神醒脑。神农氏眼前一亮，当即观察起自己的肚子。传说中的神农氏的肚子是个水晶肚子，也就是说他能看到自己肚子里面的情况。他发现那水喝进去后在肚子里面到处流动，居然将肚子里的肠胃洗涤得干干净净。一时间，他开心极了。根据以往尝百草时的经验，他判断这几片叶子是一种药，于是便将飘下那叶子的植物命名为"查"，意思是这种植物它能查出你肚中的污迹。时间一长，"查"字才慢慢转化为成"茶"字，从而就有了茶的起源。当然，这种说法仅仅只是一种传说。在我国传统的文化史上，由于有着"神农尝百草"的故事，人们往往把一切与植物相关的事物起源，都归功于神农氏。自从有了茶后，随着千百年来的演变，茶已经成了人们生活中一种必需的饮料，稳居世界饮料的第一把交椅，并奠定了"茶为国饮"的特殊地位。杭州也因为出产著名的"龙井茶"而被命名为中国三大"茶都"之一（其他两处分别是出产"铁观音茶"的福建安溪和出产"信阳毛尖茶"的河南信阳）。

人们所熟知的关于茶的两位名人都是唐代人，除我们余杭人耳熟能详的在双溪著《茶经》的茶圣陆羽外，最有名气的应该是被后人尊为茶仙的卢仝了。在我国的饮茶历史上流传着的无数茶诗中，最经典、最有名的就是卢仝的《七碗茶》：

一碗喉吻润，两碗破孤闷。

三碗搜枯肠，唯有文字五千卷。

四碗发清汗，平生不平事，尽向毛孔散。

五碗肌骨清，六晚通仙灵。七碗吃不得也，唯觉两腋习习清风生。

蓬莱山，在何处？

玉川子乘此清风欲归去。

诗中所言的"玉川子"是卢仝的号。此诗用十分生动形象的语言描写了饮茶过程中渐渐达到飘飘欲仙的真切感受，历来受到世人尤其是广大茶人们的热烈追捧。可见历代以来，上至王宫内院，下至平民百姓，饮茶是人们举行各项活动、人际交往和平常生活中广泛流行的习俗。

运河街道这一带也同样如此，人们不仅自己喜欢饮茶，还喜欢用茶来招待上门的客人，形成了一种无处不在的"客来泡茶"的习俗。

老底子，每逢春节和清明，这一带的亲戚朋友之间都是要互相走动的，称之为"做客人"。除了这两个节日，还有蚕桑丰收后的"端午谢蚕花",以及亲朋家里如有什么大事发生,也都要上门去走动的。凡是有客人上门来了,主人就要给予招待,乡间称之为"待客人"。而这"待客人",除了要备好酒菜米饭之外,还得有茶。而且这招待客人的第一道程序,就是"客来泡茶"。说起这"客来泡茶",不由想起了一个曾经听到过的有趣的小故事。相传,当年苏东坡在杭州做官时,有一天他出门去外面游玩,路过一家小的寺院门口,正好感觉到口有点渴了,便信步走了进去。寺院中的当家和尚见苏东坡衣着朴素,还以为是一般俗客,便冷冷地对他说了一句"坐",然后吩咐身边的小和尚"茶",意思是叫他去泡杯茶。谁知道苏东坡坐下来一番交谈后,那当家和尚立即发现面前这人虽衣着朴素,但却谈吐非凡,绝不会是一般俗客。于是,那当家和尚当即起身将苏东坡引进禅房,客气地对他说"请坐",又吩咐小和尚"敬茶"。两人在禅房坐下后又是一番细谈,那当家和尚这才知道来者竟然是天下赫赫有名的大学者苏东坡。当即打躬作揖把苏东坡请进了方丈室,恭敬地对苏东坡说:"请上座",又连声吩咐小和尚"敬香茶"。这个小故事虽小却非常生动,同时,这个小故事还催生了一句名联,"坐,请坐,请上座;茶,敬茶,敬香茶。"

这个小故事还说明了寺院中饮茶的讲究,以及茶种类的众多。当然,人们在讲这个故事时,往往强调的是那个当家和尚的势利。其实,那当家和尚的做法并非一点道理也没有。茶分三六九等,喝茶的人同样也分三六九等,一般的俗人是牛饮,根本不懂得如何品茶,是不解香茶之味的。面对这种人如果奉上香茶,而他们却不懂得欣赏和品味,或是牛饮一杯或是轻呷一口,这茶留之无用,弃之可惜,亦为一大憾事也。所以当家和尚知道了来者的身份才敬香茶,也是有他一定的道理的。而且从这个故事中也可看出当时那些寺院中"客来泡茶"的习俗,是看人敬茶的。旧时普通的乡民就没有太多的讲究了,他们往往家中也不可能备多种茶,能拿出来的就只有一种普通的茶。但那些富商和绅士就不同了,他们与上面那故事中的当家和尚一样,也能拿出三六九等的茶来,故往往也会根据来客的不同而泡上不同的茶来待客。

"客来泡茶"，在这一带既是一种生活的需要，又是一种待客的礼仪。而且还很好玩，"吃茶"还是这一带留客和请人来玩的代名词。有人路过家门口，好客的主人往往会说："来，吃杯茶去！"想去某户人家玩，往往会对他说："某人，伢明朝到侬屋里来吃茶了。"同样，想邀请别人来自己家里玩，也会说："某某啊，明朝到伢屋里来吃茶。"所以，这"吃茶"，成了邻里之间、亲朋之间、熟人之间交际的一种手段。在老底子，是没有什么娱乐活动的，那些运河边上的小集镇，晚上还有茶室在营业。有的茶室还请了唱书先生在唱书，有闲的人们可以去吃吃茶听听大书，这可谓当时最高档的文化生活了。而在农村乡间，晚上无处可去，感觉睡觉还早又无事可做的人们就到邻舍隔壁甚至走村串户去"白相"，这"白相"是当地的方言，意思就是"玩"。这"玩"的主要内容首先即是"吃茶"。我年纪轻的辰光在塘栖养鱼场工作，曾在三条坝与博陆水产大队守过鱼簖。当时三条坝以西的水面是归我们国营渔场所有，而三条坝以东的水面则由博陆水产大队所有。所以，两家一起在分界线的三条坝筑起了鱼簖，双方各派出两个人守护这鱼簖，白天晚上轮班。晚上凡是不轮到我值班，我都会划只小船到附近的乡民家里去"吃茶"。茶吃吃，大头天话讲讲，天南地北扯扯，很快，几个钟头就打发过去了。

来者都是客，有客进门，按"客来泡茶"的习俗，这泡茶便成了第一件大事。老底子，这一带的农村里大多没有热水瓶。有客上门，如不是事先说好的，家里不会有开水备着；就是有备着的也是汤罐里的"停滚水"，茶叶泡不开。所以，要泡茶的水都需要现烧起来的沸水。那时候，农村里还没有煤球炉出现，大灶头烧茶既又不方便又速度太慢。于是，产生了一种独特的烧茶方式，主人家往往会从屋中的梁上悬一根绳子（铁丝）下来，绳上吊着一个铁钩子，钩子上面挂一把铜茶罐。有客来了，茶罐中先放一点点水，挂在绳子下端用柴火或炭火去烧。由于水少很快就烧开了。然后主人用刚烧开的水给每位来客泡上茶。由于烧的水少，来客多的话水只够倒上半杯水，称作"打茶头"。然后又在茶罐中放水，这次要多放点了，一般均为大半罐水，一边烧水一边吃茶。由于这茶罐是吊起来烧的，故民间习惯将这茶罐称为"吊子"，铜茶罐就称为"铜吊子"。我当年在三条坝附近的乡民家里吃茶，几乎每次都是从"打个茶头"开始吃。几十年过去了，印象极其深刻。后来有了热水瓶，这种吊着茶罐烧水的方法开始慢慢消失，"打个茶头"的说法也慢慢地不太听得到了。现在，这一带的年轻人是根本不知道还有过这么一种习俗。但直到现在为止，农村中的一些老年人，还有人是将茶罐称为"吊子"的。

在这一带，"吃茶"还十分讲究礼节。主人在向客人倒水泡茶或在为客人的茶杯中续水时，客人往往会用右手食指和中指并列弯曲，连续地叩击桌面。这是一种表示礼节的习俗。双指弯曲，据说是表示双膝下跪，从而向主人表示敬意。这个习俗在这一带流传甚广，直到现在，还有不少年纪大的人在使用。包括我自己，往往还是会以此习俗来向为我续茶水的人示意感谢。这个习俗的来历还有个有趣的传说呢。相传，乾隆皇帝有一次下江南时又来到了杭州。他这个人每到一个地方都喜欢微服私访。一天上午，他带了两个随从微服出门。他们东荡荡西逛逛，漫无目的地东游西走，路过城隍山脚下的一家茶室时，乾隆皇帝感觉有点口渴。于是他便带着两个随从走了进去，冲着店小二喊了声："小二，泡壶龙井茶来吃吃。"说完，便坐了下来，准备喝茶。不一会店小二拎来了一壶刚泡好的龙井茶和三只茶杯。由于店中比较忙，便想让他们自己动手。正好他走到乾隆皇帝旁边，就顺手就把茶壶和茶杯放到了乾隆皇帝的面前。说了声"客官，请自用"，便转身走了。乾隆皇帝因为是微服私访，穿的是平民服装，当即便不动声色与平常人一样，拎起茶壶就给坐在两旁的两位随从倒茶。这下，两个随从吓得大惊失色。人家不认识，他们认识的呀，这倒茶的可是皇帝呀，皇上亲自给自己倒茶，这还了得！当即想跪下来磕头，可这一跪一磕又会暴露身份，跪不得和磕不得，这可怎么办？好在这能在皇帝身边当随从的人也都不是一般的人，都是些聪明绝顶的人呀。只见其中一个随从灵机一动，当即用右手的食指和中指并列弯曲，轻轻地叩击桌面，以示自己双膝下跪在行感谢礼。另一个随从见了，眼前一亮，当即明白了过来，也同样照模照样地模仿起来。事后，这个故事便在杭州一带传开了，并从城里传到乡间。听过这个故事的人们，觉得好玩，每逢有人向他倒茶水时也就学起了这用双指叩击的动作。久而久之，这右手双指叩击便形成了一个吃茶过程中独特的习俗，以此来表示对主人的敬意。直到现在，还有不少老人们，吃茶时还习惯用这手指叩击的礼仪表示谢意呢。

这一带乡间的吃茶礼仪中，还有着一种"浅茶满酒"的说法。也就是斟茶不能在杯中斟得太满，往往只能斟到八成满；而斟酒就不同了，可以将酒杯斟满。旧时，还有着"茶满欺人，酒满敬人"之说。这一说法的原因是什么，有些什么出典？我曾下过功夫作过不少调查，可一直也没有完全弄懂。大致的意思是知道的，这是指斟进茶里的水是滚水，倒满了水杯子烫手不太好拿也不太好喝；而酒水是冷的，倒满了拿起来喝没事，不抬起来头低下去直接喝也没事。正是这一冷一热的区别，故有了浅茶满酒的说法。

老底子吃茶是一种江南水乡慢生活、慢节奏的表现，其喝茶的过程很费时间，故民间有"腾出工夫吃茶"之说。老底子，乡村里没有什么文化娱乐活动，空下来了你要打发时间只有吃茶。这吃茶，一吃就是几个钟头起步，三五个好友聚在一起吃茶，聊天就是其主要内容，乡人称之为"讲摊头"。这种"讲摊头"所涉及的范围很广，天南海北，鸡毛蒜皮，几乎可以无所不聊。从田地间的出产聊到明天要做的生活，又从乡间农家聊到集镇上的店家，从家庭小事聊到国家大事……故新中国成立前不少茶店业主为免是非，还特地在自家的茶店内张贴"莫谈国事"的告示。不过，正因为这个"讲摊头"的存在，才使吃茶的人在几个钟头内不感觉到气闷。如果你不让这些茶客们在喝茶时"讲摊头",只能是闷声不响地吃茶,我估计那些喝茶人不到半个钟头就会坐不牢了。所以,这"讲摊头"是伴随着吃茶习俗而产生的另一种风俗。如果这些吃茶者中间正好有个人刚刚出过远门回来,那么大家就会请他聊聊在外面的那些"开档"见闻。这一带有一句俗语,叫"一日上杭州,三日讲摊头"。你去了一趟杭州,回来后在邻舍中间足足有三日可吹呀。

上面谈到的一些茶俗,仅仅是做客、串门时伴随着"吃茶"所产生的一些茶俗。除了上面这些,还有些专门围绕着"吃茶"的种类所产生的茶俗。同样是吃茶,由于吃茶的时间或吃茶的目的不同,因此有了一些不同的叫法,从而也产生了不同的习俗。

这里,首先值得一说的是"吃早茶"。

"吃早茶"中的"早茶"指的是"早上的茶",故此"吃早茶"的意思就是"吃早上的茶",这里把"吃"放在前面了,其实也就是"早上起来要吃茶"的意思。

说起"吃早茶",人们往往会想起广东的"吃早茶"。其实,这里的"吃早茶"与广东的"吃早茶"完全不一样,不是一回事。广东的"吃早茶",其实主要指的是"吃早餐",茶水不是主角而是配角,无非是他的早餐是以茶水相伴而已。而我们这一带的"吃早茶",真正是吃茶,茶水是绝对的主角。当然也有些茶客在吃茶时会伴随着吃一些茶点,但那些茶点在这里是配角,并且吃得起茶点的人在旧时并不是太多。大多数来吃早茶的都是穷人,他们往往是灌了一肚子的茶水从而省进了一顿早餐的铜钿。故对于喝茶,民间还有"头开苦、二开补、三开四开填填肚"之说。

"吃早茶"这一习俗并不是运河街道所独有的习俗,而是旧时江南水乡农村的一种常见的饮茶习俗。有趣的是,这个"吃早茶"并不是在自己家里吃,而要跑到集市上的茶店里去吃。有的人家中离集市比较远,为了去"吃早茶",每天早上来回要走十来里路,但他还总是乐此

忆五杭金山茶店 　　　　　　　　　　　　　　　　　尤源海　画

不疲，风雨无阻。可以说，"吃早茶"在旧时已成了这一带乡村大部分乡民们（尤其是中老年男性）的生活之必需，是每天早上起来要做的第一件事。

　　我对"吃早茶"这一习俗非常感兴趣，十几年前曾专门采访过一些老茶客。由此得悉，很多人都是从中年时开始养成了这一习惯，然后长年累月地坚持着，一直伴随他到走不动为止。我也查阅过不少资料，从相关的资料中得知，这江南水乡一带"吃早茶"的习俗，是伴随着这一带农村中一个个大大小小的集市的形成而产生的。旧时的江南水乡，物产丰富，所产的物资需要流通，一些所需的外地物产也需要引进，于是在一些交通便利的埠头便处处形成了集市，为四邻八乡物产的流通提供了交易场所。我们江南一带集市的特点与北方不同。北方大部分地区要逢五逢十或逢二逢八才会形成集市，而在我们这一带水乡则是每天都在形成市场。甚至那一些大一点的集镇还是一天三市，分别为早市、晏市和晚市。这里的运河街道一带，除了博陆、五杭、亭趾三个集镇上有集市之外，一些较大的村落，往往也会形成一个小型的集市。每天早上会有早市，或下午有晏市，为本村的乡民和周边的乡民提供物资交易的便利。集镇的早市与村落中的集市相比，显得场面更大，人流量也更多，而村落的集市与之相比就显得非常一般了。但无论是场面大还是场面小，只要你这里形成了集市，那就会产生一个共性，必然会出现供乡民们"吃早茶"的茶馆。这些茶馆的大小多少与集市的大小是成正比的。一般村落中的集市小，茶馆也少，往往只有一家。而集镇的集市大，茶馆也大，并且还多，往往不止一家。像博陆、五杭、亭趾这些集镇，老底子集镇上都各有十多家茶店。集市上经商的店家很多，从事各行各业的都有。但无论是在哪个集市，老底子每天早上最早起来营业的无一例外的都是茶馆店。往往天还没有完全亮透，茶馆店的伙计就开始落排门板，升火煮水。因为最早上集市来的人，必定是那些固定的"吃早茶"茶客。点心店也算是个要起早的行当了，但他们都往往要在茶店开门之后才慢慢地开门营业，因为他们的客人相对要迟些，有的甚至是喝过茶后才会过来吃点心。

"吃早茶"的茶客大都是四五十岁以上的中老年人，都是清一色的男人。老年人年纪大了，早上起得早，往往起身出门时家人们还在熟睡。旧时这一带农村的男人都没有烧早饭做家务的习惯，起得早了呆在家里无事做，于是就上集市"吃早茶"去。在茶店里"吃早茶"，天聊聊、茶喝喝，其乐融融。有的出门时还顺手带些家中的农副产品如葱韭大蒜、萝卜、青菜上集市销售，边吃茶边将这些农产品放在地上售卖，这一来，茶资也解决了。吃完茶，老人们大多还会去酒酱店买点油盐酱醋，或去百杂货店买一点日用品，或去购置一点小农具、种子。有时还会去南货店买点糖果糕点，等等。久而久之，"吃早茶"的习俗就在江南农村风行起来了。直到现在，在这一带乡村的集市中，还可见这种"吃早茶"的场景。"吃早茶"的茶客，往往都认准一家茶馆，一般都不太会换茶馆，所以对店主来说都是熟客。在同一家茶馆里，天天吃茶，吃茶的人也都成了熟客了，甚至几乎连位子都是固定的，一般都不会乱坐。一旦某一天有一个人不来，稍一打听，往往会得到此人病了或故了的消息，因为在一般情况下，轻易是不会有人缺席的。人都是喜欢热闹的，大家在一起吃茶，比独个人呆在家里吃茶味道要好得多。坐在茶店里，茶吃吃，天谈谈，从自己家里的农事谈到村里的大事，往上谈能谈到国家大事，往下谈能谈到鸡毛蒜皮，往往都是谈到哪里算哪里。几杯茶落肚，再在旁边的点心店里买些点心吃吃，一个上午就算打发掉了。现在农村中的一些茶馆，为了提高这些老茶客的兴趣，有不少还在店里提供麻将服务，供茶客们在吃茶时打麻将，娱乐娱乐。茶客们一边吃茶，一边小麻将搞搞，将生活节奏放得慢悠悠的，不到上午 10 点，这些茶客是不会离开的。由于茶店里"吃早茶"的人多，而且也杂，各个村落里的人都有，所谈及的自己村落中发生的事情对其他村落的茶客而言，听了都觉得新鲜。在老底子，信息传播比较落后，主要是靠人与人之间的"口耳相传"。所以，这茶馆店就成了集镇上一个信息传播的主要场所。人们在这里喝着茶，不但能听到其他村子里发生的大事、小事、奇事、怪事，甚至还能听到一些对他们有帮助的经济上的信息。如临平街上这两天甘蔗价格高了，小林老姜今年丰收价格贱了，桐乡大麻茧子收购价蛮高等等。于是乎，一些人吃好早茶，便回家划着小船根据吃茶时得到的信息出门做生意去了。还有一个，家中有女待嫁或有儿待娶，旧时都要依托媒人，这茶馆店由于信息灵通，往往有人会介绍谁谁谁家有个小伙不错，或谁谁谁家有个女儿正到了"出门"的年龄。这样东拉西扯，往往也就在茶店里扯成了一件好事。旧时农村中有不少"媒人阿爹"都是这样在茶店里诞生的。正因为在茶店里"喝早茶"具有信息传播、相互聊天、说三道四、消磨时间等特点，故茶店业在旧时江南的乡镇集市中一直是个比较兴旺的行当。据 20 世纪 40 年代时当时的杭县县政府所作的全县工商业调查统计，茶店业位居全县各行业之首。当时博陆、五杭、亭趾这三个现属运河街道的集镇，最热门的行业，同样也非茶馆业莫属。

说过了"吃早茶",再来说说"吃讲茶"。

在林林总总的吃茶习俗中,最为有趣的要算是"吃讲茶"了。"吃讲茶"中的"讲"是指"讲道理"的意思,这"吃讲茶"意思是"吃讲道理的茶",在吃茶的过程中摆事实、讲道理、明辨是非。这一习俗的流行,竟使吃茶与讲道理、打官司联在了一起。

人与人之间是需要交往的,物与物之间的流通也需要人来唱主角。在这交往和流通的过程中,往往总会有这样或那样的异议和纠纷产生,甚至有时还会发展到"讨相骂",并由这"讨相骂"升级到"动拳头(出手)",意思是指从吵架到打架。这样的事情虽然不会经常发生,但却肯定会有所发生。那么,一旦发生了这样的事情怎么办?在旧时,人们在日常生活中发生了矛盾,或是在经商过程中发生了纠纷后,吃亏的一方往往会用一张状子把对方告上衙门,让官老爷来判断事件的青红皂白,处理这个纠纷。但是,上衙门打官司非常麻烦,光是请人去写一张状纸就要花去一笔钱。再加上"堂堂衙门八字开,有理无钱莫进来"这句俗语在乡间的流行,使得普通百姓对衙门有着一种恐惧的心理。所以一般百姓若不是遇到那些实在过不去了的大事,是不会轻易闹到上衙门中去打官司这样的地步的。那不去官府告状么,感到吃亏的一方心理上又过不去,怎么办?再加上有一些事情本身并不是太大,告上官府不太值得,所得到的赔偿费用还不如写张状纸的花费大。但不上官府么,矛盾双方就是处理不好,双方一见面就要吵,怎么办?我们的祖先是聪明的,针对这两种情况,他们发明了一种民间自行解决的方法,让乡间一些德高望重的乡绅出面,并邀请一些对这一事件比较了解的人员共同参与,以摆事实、讲道理的办法,来分清对的一方和错的一方,从而将事件圆满地处理掉。此举,相当于现在各级组织所进行的"调解"工作。但是,大家三对六面地坐下来讲道理,需要有一定的场地,总不能站在外面来讲道理吧。这时人们想到了茶店,便把这讲道理、辨事非的场地安排在附近的茶店里。于是，这讲道理、辨是非的过程也伴随着"吃茶"来完成。从而，产生了一种极其独特的喝茶习俗，乡间称之为"吃讲茶"。

"吃讲茶"往往都是在茶店的早市落市后进行的。因为茶店在进行早市期间人声鼎沸，热闹非凡，既没场地来接待吃讲茶的茶客，也不可能听清双方各自的言论。所以，"吃讲茶"都选择在茶店的早市落市后举行。只有等早市落市了，热闹的茶店开始空下来了，还在喝茶的茶客仅剩三三两两，茶店才有场地接纳来"吃讲茶"的人们。

在江南水乡，"吃讲茶"的具体步骤基本上大同小异，一般的做法都是以下述方式展开：先是由产生矛盾的双方提前一天请好当地一位最有名的绅士——也是双方共同信任的人士做主持人，双方还各自邀请一些对矛盾的缘由、经过有所了解的相关人员前来为自己帮腔，并提前和茶店老板说好具体的时间。到了约定的时间，双方各自带着相关人员进入事先说好的茶店，由店小二给大家一一泡上一杯香茶。然后，主持人便开始启动程序。大家一边喝茶，一边请当事双方先后将纠纷的起由及经过一一说个明白。当事者说好后再由当事者双方所请来的那些人士在听了双方的叙说后，再一一说说各自的看法。在各人说完之后，经过一番分辩，最后由主持人根据大家分辩后的意见作出一个公道的评判，来明确谁是谁非。主持人的评判结果出来后，若是那些双方请来的人大多数都同意这个结果，那么这次评判就算出结果了。但若是双方请来的人大多数还对这结果不太满意，那就继续讨论，继续修正这个结果，直到大多人认为可以为止。一旦参与"吃讲茶"的大部分人认可了，这个评判结果就开始生效，道理错的一方应去向茶店老板支付此次吃茶过程中所有人的全部茶钱。这个吃茶的过程，民间就叫做"吃讲茶"。

民俗就是这样，约定，俗成。应该说，"吃讲茶"的习俗在这一带民间还真的颇具些法律效果呢。从"吃讲茶"之后起，当事者双方便得依这"吃讲茶"中评判定的结果办事。如有某一方不执行，将会遭到方方面面人士的责问，这个人也将会被当地的百姓所看不起。所以，"吃讲茶"的习俗，为调解一些民间的纠纷起到了极大的作用。百姓的评判有时似乎比衙门还有用，乡民们一旦相互间发生了纠纷又处理不好，往往会说："我同侬'吃讲茶'去!"可见民间对"吃讲茶"这一习俗的信赖度。

这一"吃讲茶"的习俗，一直延续到新中国成立后才陆续结束。结束的主要原因，据我分析是由于新中国成立之后，街道有了居委会及相应的各级组织，农村也有了生产队及后来的村委会。之后，基层政府也都设了调解民间纠纷的机构。一些民间的纠纷，就由居委会和各个相应的组织出面来调解了。这些组织出面的调解不但比"吃讲茶"更有效，而且还省下了"吃讲茶"所需要的"茶资"。所以，在新中国成立之后，这一带"吃讲茶"的这一习俗，开始淡出了人们的视野。

茶俗，还深入到了人生礼仪所涉及的各个方面，家里办大事、办喜事、办丧事，都需要有"喝茶"这一环节。旧时在这一带，除了茶店之外，还有一种专门负责泡茶的职业，称作"茶厢"。这种"茶厢"，备有所有泡茶所需要的工具，称得上是个小型的流动茶馆店，他们专门为百姓家中办大事时提供喝茶服务。家中碰上办喜事了，东家往往会去请那些"茶厢"来负责这喜事仪式中所有的"客来泡茶"的相关礼仪。

乡民们在家中办大事时都有与饮茶相关的习俗，这种情况中尤以婚俗为最，在这一带的婚俗中，有着林林总总与之相应配套的饮茶习俗。由于与婚俗相关的茶俗已在婚俗的相关章节中讲过了，故在此已没有必要再展开。

后　记

　　对于一个地方的传统风俗，哪怕你是土生土长的当地人，只要你年龄还不到 60 岁，你是不可能说清楚的。这主要原因是 20 世纪 60 年代后半段和 70 年代上半段，我们的传统风俗出现了整整 10 年的断层。所以，凡是 20 世纪 60 年代之后出生的人，对传统的风俗便了解不深了。

　　我们两人一直在从事民间文学工作，从 20 世纪 80 年代开始，一直在走访老人，寻根传统风俗。在我们走访的那些老人口中，我们了解了不少流传在这一带的乡风民俗，从而，对传统民俗的兴趣也越来越浓。

　　风俗，是一个地方人们的行为准则，也是一个地方的文化。探访风俗、记录风俗、传承风俗，是一件非常有意义的事。为此，我俩继完成了《运河街道风情》的编著任务后，又联手开始了这本《运河街道风俗》的编著。

　　这是一本向读者介绍运河街道风俗的书籍，所以，在行文上我们采取了散文的笔调，尽可能娓娓道来，不少地方还采取了基本上能看懂的方言来叙述，从而使本书更接地气。在章节的设置上，与《运河街道风情》一样，我们同样设了 9 章，从 9 个方面来介绍运河街道的传统风俗。

　　与编著《运河街道风情》一书一样，在本书的编著过程中，我们继续得到了宋佐民先生的大力相助。在此，谨向宋佐民先生表示衷心的感谢！在本书的编著过程中，尤源海先生提供了大量的风俗画，韩一飞先生、黄德灿先生提供了部分运河老照片，在此一并表示感谢。

　　我俩虽然都已过了花甲之年，但对于谈论传统风俗，还是显得太年轻了。虽然我们采访了不少老人，但难免会对某些风俗事项辑录有误，在此，欢迎读者批评指正。

丰国需　胡繁甫

2022 年 1 月 11 日